世界史上的
特种部队

ELITE FORCES

[英]
查尔斯·金杰
编著

曹盈 王善江
译

中国画报出版社·北京

图书在版编目（CIP）数据

世界史上的特种部队 /（英）查尔斯·金杰编著；曹盈，王善江译. -- 北京：中国画报出版社，2025.3. --（萤火虫书系）. -- ISBN 978-7-5146-2464-9

Ⅰ.E156

中国国家版本馆CIP数据核字第20245Q7E81号

Articles in this issue are translated or reproduced from All About History: History of War: Elite Forces, First Edition, and are the copyright of or licensed to Future Publishing Limited, a Future plc group company, UK 2021. Used under licence. All rights reserved. All About History is the trademark of or licensed to Future Publishing Limited. Used under licence.

FUTURE

北京市版权局著作权合同登记号：01-2022-4876

世界史上的特种部队

［英］查尔斯·金杰 编著　　曹 盈　王善江 译

出 版 人：方允仲
审　　校：崔学森
责任编辑：李聚慧
内文排版：郭廷欢
责任印制：焦 洋

出版发行：中国画报出版社
地　　址：中国北京市海淀区车公庄西路33号　邮　　编：100048
发 行 部：010-88417418　010-68414683（传真）
总编室兼传真：010-88417359　版权部：010-88417359

开　　本：16开（787mm×1092mm）
印　　张：10.25
字　　数：240千字
版　　次：2025年3月第1版　2025年3月第1次印刷
印　　刷：北京汇瑞嘉合文化发展有限公司
书　　号：ISBN 978-7-5146-2464-9
定　　价：70.00元

这是一个腥风血雨的世界

人类从诞生的那一刻开始，就一直在无休无止地发动战争，这是天性使然，越有野心，就会越淋漓尽致地释放这种暴力。早期，部落之间总会有一些小摩擦，但后来战争逐渐演变为一种职业，汇聚了各有专长的斗士。最出色的战士自然会青云直上，受到重用。

从古希腊的战场到封建时期的日本、法兰西帝国、越南的丛林和摩加迪沙的街道，随处可见特种部队中出类拔萃的战士。这些历史上最厉害的士兵训练有素，关键时刻能扭转乾坤，为保卫各自的统治者而殊死奋战。

你将知晓波斯不死军如何备战，了解令人生畏的廓尔喀雇佣军的起源，见证非洲所发生的残酷枪战。你也会初识那些辅佐暴君的武士，他们为了一己利益而攻城略地、暗中行刺，手段残忍。这就是战争，这就是最血腥的战士。

目 录

最初的特种部队

- 8　古代特种部队
- 18　"神"之勇士
- 34　影子战士
- 44　鲜血与金钱
- 52　武士之殇
- 60　帝国卫队

世界大战及以后的特种部队

- 75　廓尔喀军团
- 86　远程沙漠部队
- 98　英国特种空勤团
- 116　希特勒残暴的武装党卫队
- 134　英国秘密军队
- 142　美军研究观察团
- 152　三角洲特种部队

> 永远不要屈服于武力，永远不要屈服于敌军看似强大的实力。
> ——温斯顿·丘吉尔

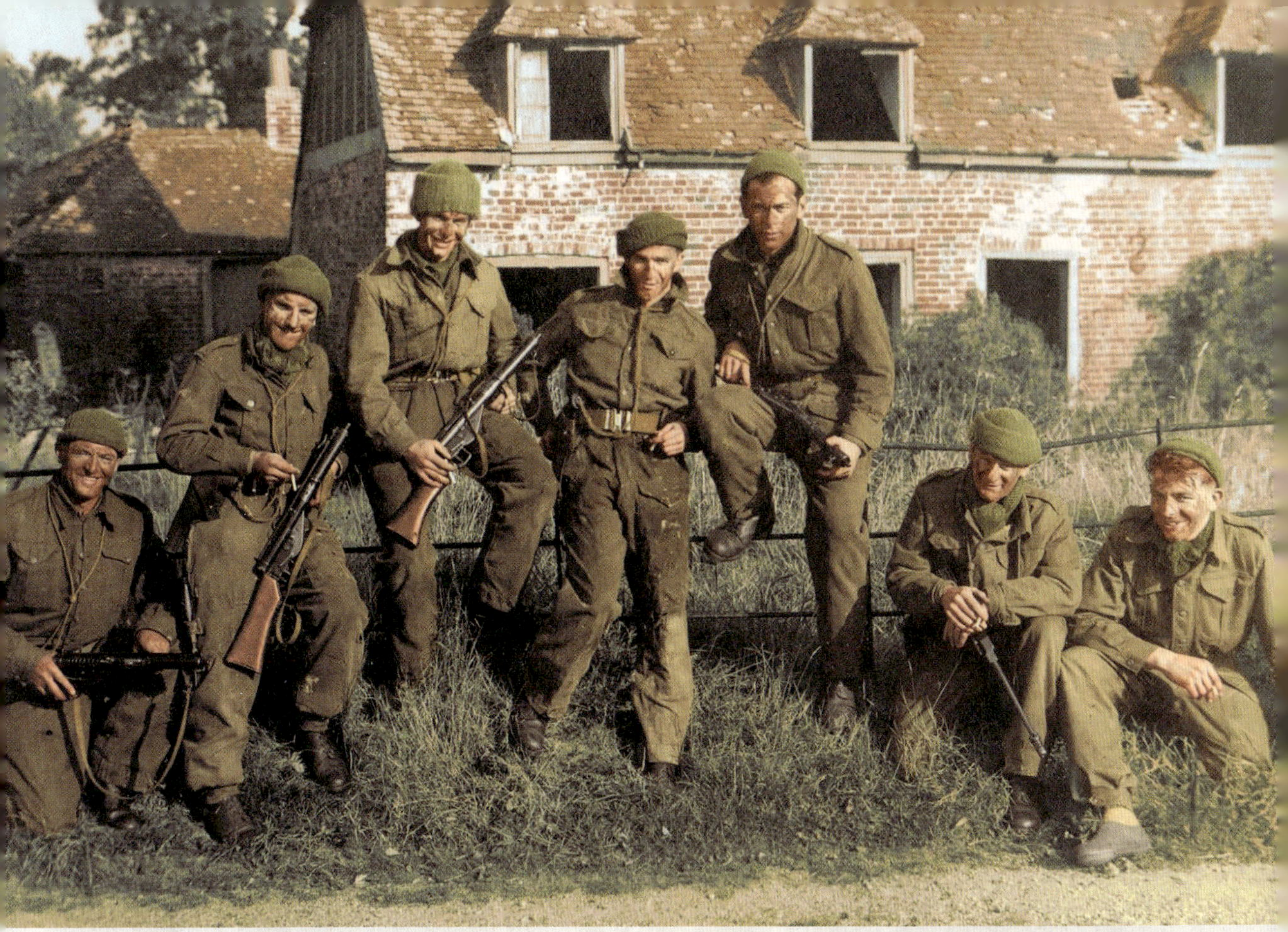
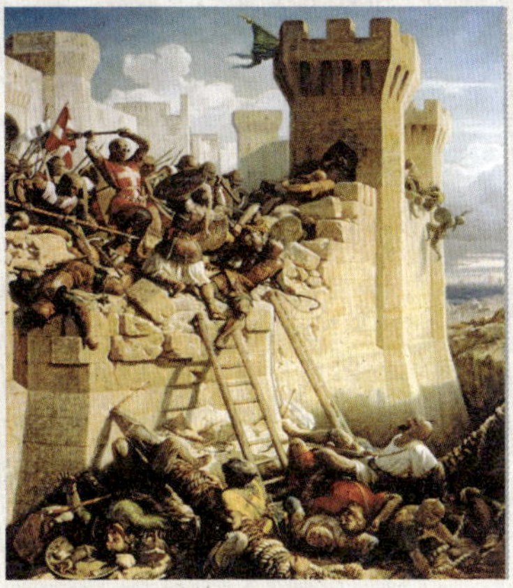
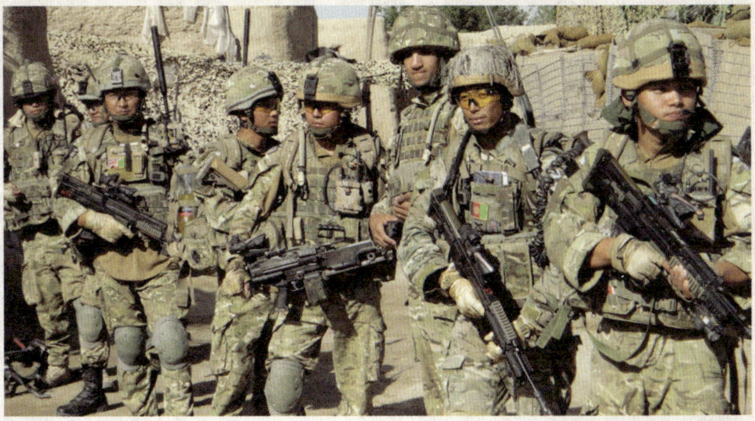
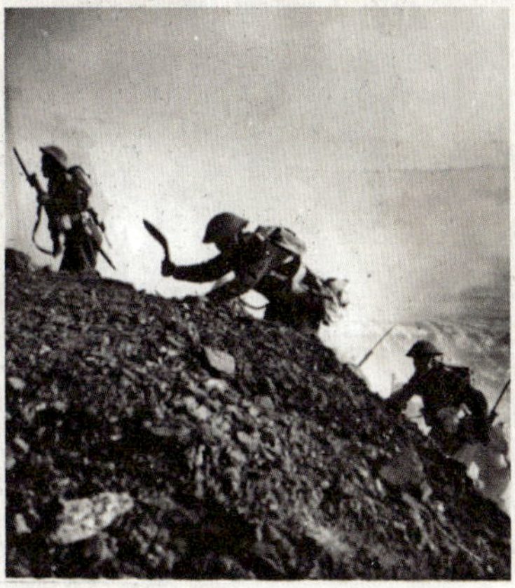
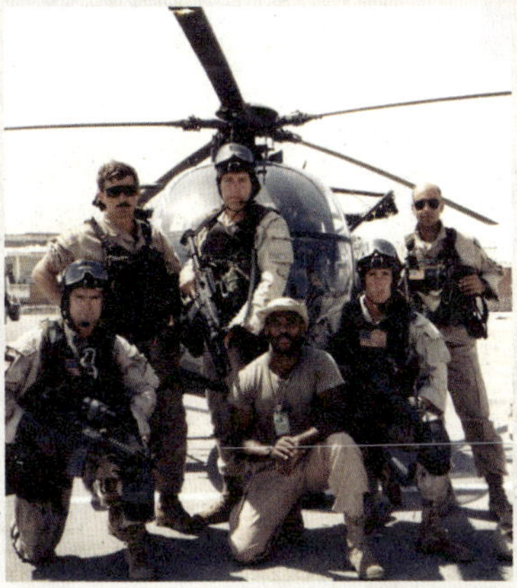
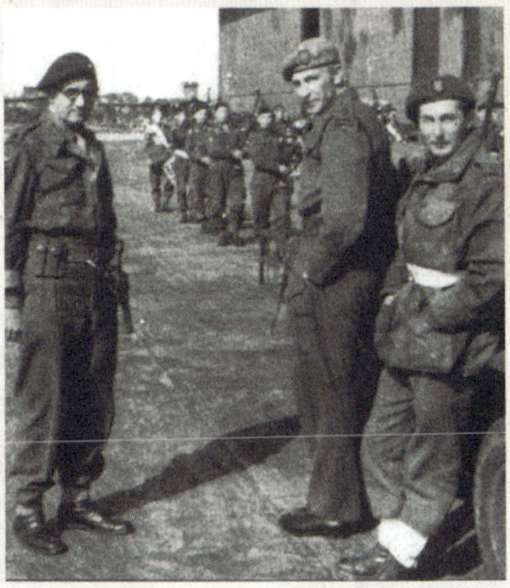

最初的特种部队

- 8 古代特种部队
- 18 "神"之勇士
- 34 影子战士
- 44 鲜血与金钱
- 52 武士之殇
- 60 帝国卫队

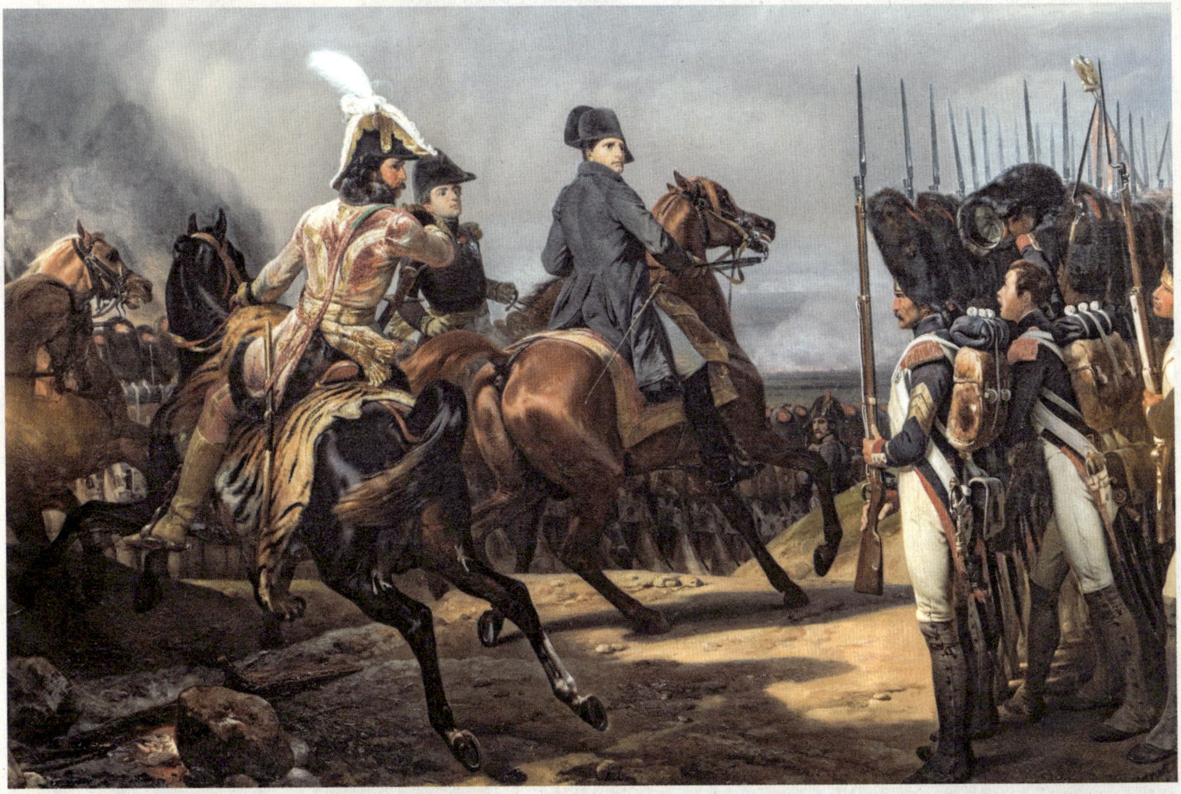

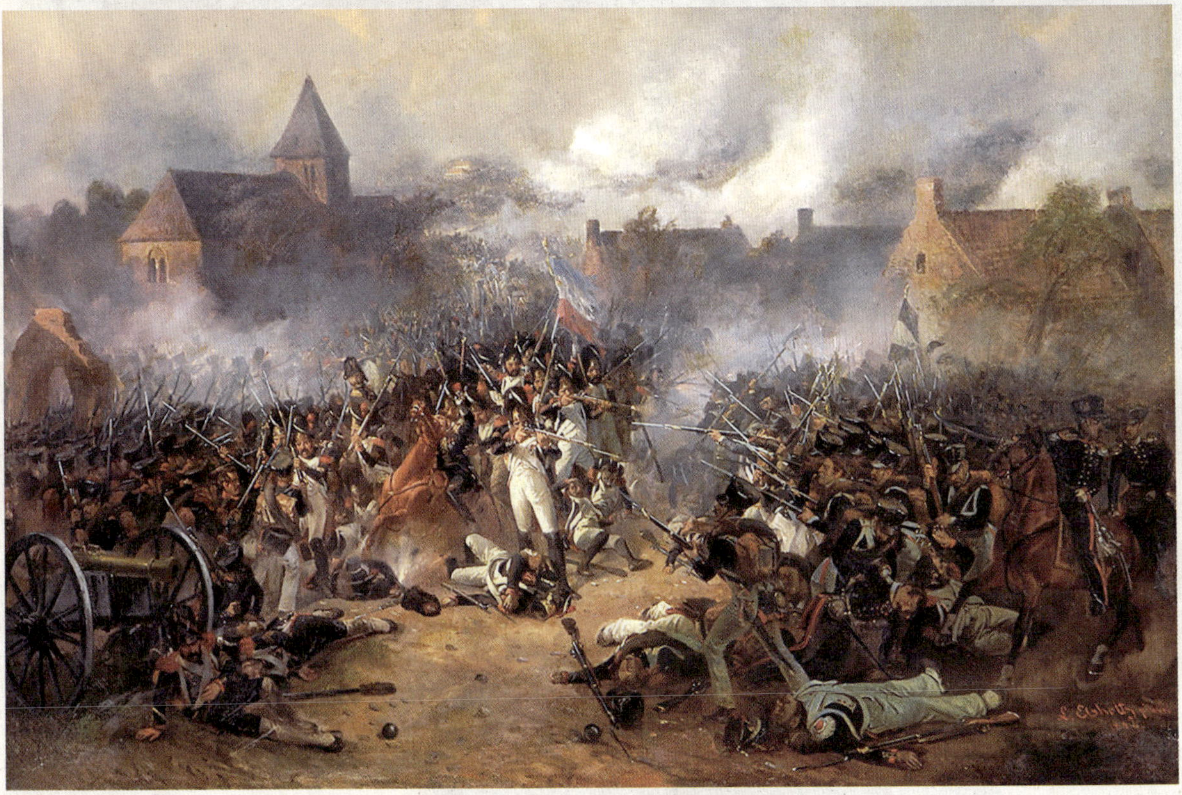

古代特种部队

初识令对手闻风丧胆的特种部队

斯科特·里维斯（SCOTT REEVES）/文

头盔
重装步兵佩戴的头盔样式繁多，从重型的科林斯式（Corinthian）头盔到轻便的哈尔基斯式（Chalcidian）头盔（如图），不一而足。每个城邦头盔羽冠的颜色与设计不尽相同。

胸甲
重装步兵穿戴由亚麻布和金属制成的胸甲。富可敌国、名扬四海的部队常常身着青铜盔甲，流光溢彩，招摇过市。这个士兵穿戴的是亚麻胸甲。

盾牌
古希腊战士的盾牌被称为"阿斯皮斯"（aspis），圆形凹面，青铜包木材质，直径约为1米。

剑
重装步兵还配有一把西福斯短剑（xiphos）。只有长矛被毁，或是队形溃散之时，这把短剑才有用武之地。

希腊重装步兵

重装步兵绝对是负重行军作战。希腊城邦的精锐部队身着青铜胸甲、头盔、护胫、护腿、护肩和护臂，加上一支长2.5米的长矛、一把短剑和一个圆盾，重装步兵携带的额外装备相当于自己一半的体重。

虽然其机动性不足，但方阵作战形式弥补了它的短板。重装步兵在方阵中作战，阵型紧密，纵深为8至10列，宽度可达1/4英里[①]。任何胆敢接近的敌人都会遭遇层层盾墙，以及直袭面门的长矛攻击。作战经验丰富的精锐力量排在方阵前排和后排，确保前线稳固，同时防止中间队形溃散或士兵被吓到溃不成军。每个重装步兵都必须右手持矛，左手持盾。出于本能，士兵会寻求右侧同伴盾牌的庇护，因此随着战斗的进行，方阵往往会缓慢地向右侧移动。

标准步兵和骑兵无法穿透方阵。然而，如果在重装步兵侧翼无法得到保护的地方布下这种阵型，无疑是自取灭亡（例如在温泉关战役中，斯巴达人在狭谷中布下的方阵）。重装步兵很容易受到远程武器的攻击，面对波斯弓箭手时，希腊人会调整战场战术。重装步兵手持轻盾，跑向敌方，近距离集结形成方阵。

大多数重装步兵是公民士兵，他们自行购置武器和盔甲，随时应召而战。在正规军中，只有最优秀的士兵才能入选埃皮里科托骑兵团（epilektoi units）。这个骑兵团人数不多，但战术精湛，在紧要关头可以扭转乾坤。

[①] 1英里 ≈ 1.61千米。——编者注

长矛
重装步兵的首选武器是一支长2.5米的长矛，威力无比，杀伤力强。顶端是一个叶状的尖刀片，末端的刀片则更为短小粗壮。

护胫
金属护胫一般用来保护膝盖以下至脚踝的部位，通常由铁板或青铜板锻造而成。

凉鞋
重装步兵通常脚穿结实的皮革凉鞋。当他们穿越古希腊的岩石地带，奔赴战场时，这种凉鞋可以在一定程度上保护双脚。

9

波斯不死军

恰如其名，不死军永不灭亡。当然，阿契美尼德帝国（Achaemenid Empire，即波斯帝国）军队的精锐部队也会死于战场、疾病或衰老，但波斯国王会立即从底层提拔最优秀的士兵，从而保持军事上不朽的力量。不死军总共10000人，不多也不少。他们天赋异禀。进入不死军之后，他们既要徒步作战也要骑行作战，既要拉弓射箭也要近身肉搏。不死军携带各式各样的武器，每个人都配备盾牌、剑、长矛、弓和一筒弓箭。

有些人还佩带狼牙棒或波斯手斧（sagaris）。波斯手斧单手使用，威慑力极强。手斧顶端是扁平的刀刃，另一端则是锋利的刀尖。在公元前334年的格拉尼库斯之战（the Battle of the Granicus）中，一把手斧差一点儿要了亚历山大的性命。如果刀尖再深入一点儿，他就饮恨沙场、一命呜呼了，也就无法征服阿契美尼德帝国，成为亚历山大大帝了。

手斧杀伤力极强，但是不死军的首选武器是长矛。长矛长6英尺[①]，矛头由铁或铜制成，十分锋利。矛尾有一个金属配重，利于保持平衡。

不死军冷酷无情，善于应变。在公元前525年征服埃及的战役中，他们功不可没。得知埃及人崇拜猫神巴斯特（Bastet）之后，不死军就在盾牌上画上猫的图案，并将猫释放到战场上。埃及士兵看见猫惊慌失措，四处逃窜，有的就放弃了厮杀。在接下来的一个世纪里，波斯国王统治着埃及。在波斯人征服印度河流域和锡西厄（Scythia，古代欧洲东南部地区）中，不死军也立下了赫赫战功。他们还入侵了希腊，但最终无功而返。

---
① 1 英尺 =0.3048 米。——编者注

▲ 不死军在征服埃及时利用猫打赢了一场心理战。

▲ 在许多描绘不死军的画中，精致服装也许成了一种礼服

绝对力量

不死军之所以有这样的名号是因为他们永远都是 10000 人。如果有人阵亡、生病或受伤，他们就会被替换以保持总数不变。不死军也是心理上的斗士。统一的制服让人觉得他们拥有不死之身，死亡和受伤的战士会被迅速从战场上移走以保持一种不朽的感觉。

护头

古希腊历史学家希罗多德（Herodotus）诞生于波斯第一帝国。在他看来，不死军宽松的帽子（被称为头冠）拉下来遮住面部时，可以阻挡灰尘、抵御寒风。一些资料显示，这种帽子是布质材料，因此人们对头冠的真实形状不得而知。

各式武器

除弓箭外，不死军还携带一把巨型弧形匕首和一把波斯手斧。这些武器配置让他们在战斗中更加灵活自如。匕首佩带在右腰的位置。波斯手斧小巧轻便，易于挥舞。它一端扁平，另一端则为锋利的刀尖。

绚丽的束腰外衣

胸甲下面是一件长袖刺绣外衣，上面装饰着各种颜色。有人说不死军身穿同样色彩斑斓的外袍遮盖他们的盔甲，也有人说这种外衣不太可能在战斗中穿。

鳞甲

不死军身穿鳞甲保护身体，这些鳞甲由小铜板或铁板重叠排列组成。希罗多德称其为"像鱼鳞一样的甲胄"。挎在肩上的带子用来固定鳞甲。

短矛

短矛是不死军的主要武器，长度接近 2 米，比斯巴达敌军的长矛稍短一些。短矛一端是锋利的青铜尖，另一端则是一个银色或金色的配重。短矛的材质和形状也可显示士兵的等级。

柳条盾

柳条盾呈椭圆形状，材质为木头和柳条，上面覆盖一层皮革。尽管柳条盾不能有效抵御长矛的攻击，但多少有点儿防护作用。

11

头盔
这种皇家头盔有一个倾斜的护颈及凸出的护耳。带有装饰性铰链的护板挡住两颊。头盔的边缘是青铜装饰。

羽冠
头盔上的羽冠由羽毛或马毛制成,颜色各异,这是卫队制服中最引人注目的特征。

额外保护
护肩、胸部及背部护板给上半身增加了一层额外的保护。

环片甲
环片甲由数个环形、相互交叠的金属板组成,用皮带固定。这种灵活耐磨的盔甲内部柔软,外部坚硬。

格拉迪乌斯短剑
格拉迪乌斯短剑(Gladius)为钢材质,是罗马精英卫队众多武器之一。剑柄由象牙、青铜或木材制成,引人注目。剑身长68厘米,宽7厘米,重达1千克。

皇室色彩
除了皇帝及皇亲国戚之外,禁卫军(Praetorian Guard)是罗马唯一可以身着皇室颜色(紫色)的仆从。这种颜色的服饰价格高昂(染料源自地中海提尔地区的一种小型软体动物,通过反复碾压提取而成),因此人们认为它们只适合最高级别的官员。

凉鞋
禁卫军脚穿皮制凉鞋并将鞋带系于小腿上,这是当时流行的做法。

禁卫军

在罗马共和国苟延残喘的日子里,禁卫军充当了高级文武官员的护卫和保镖。公元前27年,奥古斯都(Augustus)执政,成为罗马帝国第一任皇帝,从此,他将禁卫军变成了自己的私人卫队。

首批禁卫军大约有4500人,他们来自意大利的名门望族,而且需要有举荐信。和普通军团士兵相比,有幸入选禁卫军的士兵可以享受更高的薪水和更短的服役期。禁卫军还会收到大量礼物和捐赠,特别是当皇帝需要确保他们忠诚的时候。

提比略(Tiberius,奥古斯都之子,罗马帝国第二任皇帝)一声令下,作为罗马军队的精英,禁卫军平息了潘诺尼亚(Pannonia)和日耳曼的兵变。在弗拉维亚(Flavian)和安敦尼(Antonine)王朝时期,他们经常出没于前线,手持沉重的椭圆形盾牌和标枪,随时冲锋陷阵。禁卫军的盾牌和军团旗帜上印有不同版本的图案。禁卫军被安置在位于罗马城外的禁卫军兵营(the Castra Praetoria),是唯一可以接近首府的军事单位。这使得禁卫军可以代表皇帝从事一些暗中的间谍活动。秘密特工会穿上长袍,进入罗马,监视普通公民,寻找动乱的证据,或监视被认为意欲策反皇帝的嫌疑人员。

禁卫军可以接触到权力的核心,因此如果心情不爽,他们就会毫无顾忌,立即采取行动。第一个付出代价的皇帝是卡里古拉(Caligula),他在41年被禁卫军刺死。来自禁卫军内部的不忠行为和阴谋至少让另外8位皇帝倒台,包括尼禄(Nero)和康莫德斯(Commodus)。

▲ 312年,康斯坦丁(Constantine)遣散禁卫军,因为在另一场内战中,禁卫军站在了战败的一方

▼ 禁卫军刺杀克劳狄乌斯(Claudius)的侄子卡里古拉之后,宣布瑟瑟发抖的克劳狄乌斯为罗马皇帝

▼ 禁卫军兵营全貌图

瓦兰吉卫队

维京人并不只是在北海对面进行突袭，他们有的向西挺进，有的则扬帆东行，最后抵达东欧水域。在988年前后的一场内战中，拜占庭皇帝巴西尔二世（Basil II）呼吁维京定居者们立即南下君士坦丁堡，与他并肩作战。北欧雇佣军扭转了局势，他们的领袖迎娶了巴西尔的妹妹，维京人成为皇帝的御用护卫。瓦兰吉卫队（Varangian Guard）由此诞生。

瓦兰吉卫队一直守卫在皇帝身边，形影不离。他们守护着大皇宫宫门以及其他皇家财产。他们监视政治囚犯并充当君士坦丁堡的警察部队。出了城门，瓦兰吉卫队在战斗中将皇帝紧紧围在中间。只有外籍雇佣军才能进入卫队，因为人们认为非拜占庭人可能不会受到诱惑而卷入无休止的钩心斗角。

几十年后，瓦兰吉卫队仍然使用具有斯堪的纳维亚特色的武器，特别是双手阔斧和挪威剑。维京人的航海背景也有了用武之地，他们被派去对付海盗，追击意欲乘船逃跑的威尼斯入侵者。

瓦兰吉卫队有机会通过俸禄、奖金和战利品发家致富。拜占庭皇帝驾崩之后，他们近水楼台，利用手中特权搜刮皇室宝库，掠夺财宝。哈拉尔·哈德拉达（Harald Hardrada）就是一个善于利用战利品的新兵。当同母异父的哥哥（挪威国王）被废黜时，哈拉尔·哈德拉达逃往南方。他在拜占庭宫廷服役9年，在西西里、保加利亚、安纳托利亚和圣地为皇帝南征北战。积累了一笔财富之后，他回到北方，利用他的财富夺取了挪威王位。

> 瓦兰吉卫队一直守卫在皇帝身边，形影不离。他们守护着大皇宫宫门以及其他皇家财产。他们监视政治囚犯并充当君士坦丁堡的警察部队。出了城门，瓦兰吉卫队会在战斗中将皇帝紧紧围在中间。

▲ 在1203年的围攻中，瓦兰吉卫队守卫着城墙，英勇顽强地击退了第四批十字军

▼ 诺曼征服后，盎格鲁-撒克逊人纷纷加入瓦兰吉卫队

精锐战士
988 年，为了平息一场叛乱，巴西尔二世组建了瓦兰吉卫队。这支部队由罗斯（Rus）武士组成，他们是定居在俄罗斯和乌克兰的维京人后裔。一些诚实可靠的维京人也在拜占庭部队中服役，如哈拉尔·哈德拉达，他担任瓦兰吉卫队指挥官。1046—1066 年，他统治挪威，成为一国之王。久而久之，瓦兰吉卫队从一帮不守规矩的雇佣兵演变为一支忠心耿耿的皇家特种部队。

锥形头盔
虽然可能略有不同，但大多数瓦兰吉卫士的锥形头盔似乎都有西式风格的护鼻和下颏带，也许还会有一个锁子甲头罩或护帘以增加保护。

瓦兰吉胸甲
众所周知，瓦兰吉卫队身穿一件长的锁子甲束腰外衣，护住头部至膝盖的所有部位。然而，这件金属长袍重达 12 千克，所以士兵会穿上特制的皮革甲胄（被称为瓦兰吉胸甲）来减轻肩上的负担。

札甲鳞片背心
在锁子甲外面，瓦兰吉卫士套上了更加时尚的札甲鳞片背心，以提供额外的保护。鳞片背心一般由成排的皮革或金属鳞片绑在一起而成，而拜占庭设计的鳞片则是铆接在一个背板上，以增加坚固性。

内衣
拜占庭军事手册没有提到任何颜色，但许多马赛克图案表明卫兵穿着紫色斗篷和内衣。然而，在拜占庭社会，这种昂贵的紫色是皇帝专属的颜色。因此，与皇帝其他随行人员一样，瓦兰吉卫士更有可能穿着红色斗篷。

盾牌
在拜占庭帝国统治期间，瓦兰吉卫队不仅守卫了宫廷，其价值也在各种冲突中发挥得淋漓尽致。无论是在先遣部队中保护皇帝或行李车，还是在海上或在君士坦丁堡的多次围困中守住城垛，瓦兰吉卫队的武器，包括圆形盾牌，都经受了各种考验。

标准化制服
瓦兰吉卫队成员来自世界各地，除了罗斯人、斯堪的纳维亚人和盎格鲁-撒克逊人之外，许多其他国家的雇佣兵也加入了他们的队伍。尽管如此，他们的制服整齐划一，由帝国军械库统一发放。在某种程度上，这可能是由于多数人背井离乡，一无所有，在抵达时需要帝国为他们提供衣物。

战斧
1066 年诺曼人入侵英国后，瓦兰吉卫士目睹大量流离失所的盎格鲁-撒克逊士兵加入他们的队伍。因此，在黑斯廷斯战役（the Battle of Hastings）中，深受盎格鲁-撒克逊战士青睐的双手斧成为卫队的突出象征，格外显眼。

15

头饰
战士们的头饰类似于鹰的头部，透过鹰嘴他们可以向外张望。头饰后部有羽毛。在阿兹特克神话中，鹰是太阳的象征，所以战士们把自己看成太阳斗士，也称鹰战士。

长矛
长矛是阿兹特克人普遍使用的远程武器，尖端是锋利的黑曜石。他们有时使用投射器投掷长矛。这种装置挂在长矛上，起到弹射的作用，为长矛注入更多的力量，从而加快投掷速度。

珠宝首饰
在阿兹特克社会，鹰战士地位显要，拥有特权。例如，他们可以获得免税土地、养情妇，以及佩戴一般人无法获得的高级珠宝。

盾牌
每个鹰战士携带一个小的圆形盾牌。这种盾牌被称为其马利（chimalli），由木头和缠绕在一起的植物纤维制成，用皮革带子挎在身上，上面是五颜六色的绘画图案并用鹰的羽毛加以装饰。也有一些战士使用由厚棉布制成的盾牌，这种盾牌在行军时可以卷起来。

战甲
阿兹特克人的战甲被称为伊奇卡维皮利（ichcahuipilli），由棉布和黄麻混合制成，厚度为1—2厘米。在墨西哥温暖的气候下，这种战甲不仅轻盈透气，而且结实耐用，足以抵御黑曜石钜剑、弓箭和长矛的攻击。

黑曜石钜剑
盛极一时的阿兹特克黑曜石钜剑（Macuahuitl）由一根扁平木棍制成，棍身两侧嵌有黑曜石火山玻璃片。战士们可以用剑背攻击敌军，将他们捕来当作祭品，或者用剑刃给他们以更致命的打击。

凉鞋
普通阿兹特克公民不能在皇宫里穿棉布衣物或凉鞋，但鹰战士可以。在战斗中，除了皮凉鞋以外，鹰战士还用被称为"护胫"的皮条护住双腿以增强保护。

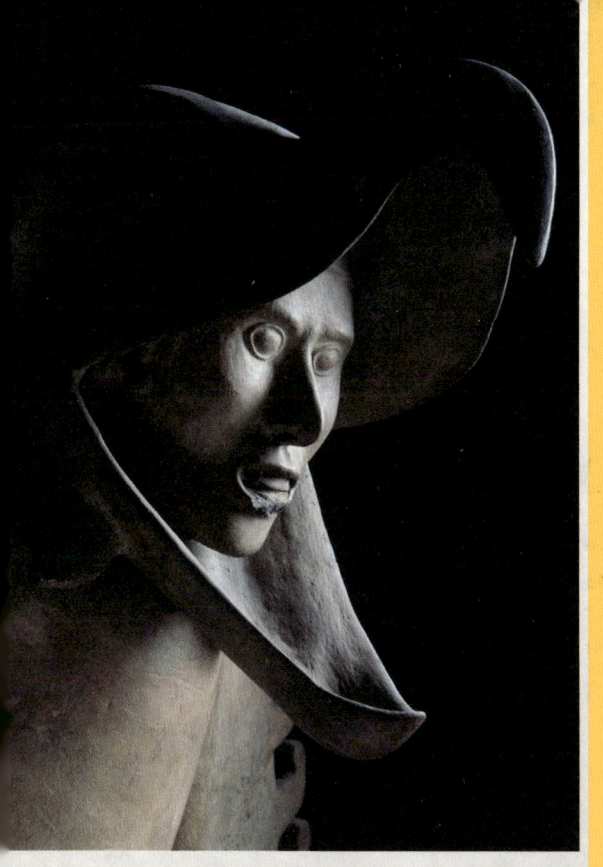

阿兹特克鹰战士

虽然阿兹特克民族骁勇好战，但他们的目标是要活捉敌人而不是将其置于死地。俘虏成为宗教仪式中的祭品，命运由此终结，这令人毛骨悚然。阿兹特克男性均接受过基本的军事训练，他们在战场上抓获俘虏的数量决定了他们的等级。英勇顽强、捕获4个俘虏的阿兹特克人就可以成为鹰战士。

阿兹特克鹰战士很容易识别。他们的绗缝铠甲和色彩鲜艳的盾牌上装饰着鹰的羽毛。头盔细致精美，他们可以从张开的鹰嘴向外张望。这种装备给人留下深刻印象，设计者的初衷就是让人一眼就可以认出他们是特种部队。鹰战士可以享受平民百姓和奴隶无法企及的福祉：他们可以身穿特殊的服装，佩戴珠宝，在宫殿用餐，获得恩赐的土地。然而，鹰战士要为他们的特权努力工作。他们是全职士兵，没有战争时，他们要守卫城市，巡逻周边领地。

鹰战士精通投射器的使用，这种装置可以向敌人投射弓箭。这是专门留给最高等级军官使用的高级武器。阿兹特克人也使用各式各样贴身肉搏的武器：带有木柄及黑曜石利刃的剑、棍棒和斧头。他们的核心武器是黑曜石钜剑，一种板球棒形状的木棒，两侧固定着黑曜石刀片。

黑曜石钜剑看上去很凶残，但鹰战士只是用它们来征服和俘获敌人，而不是夺其性命。鹰战士如果成功捕获更多俘虏，就有可能晋升为夸奇客战士（cuachicqueh），并可以剃成光头以示其英勇事迹。

他们的目标是要活捉敌人而不是将其置于死地。俘虏成为宗教仪式中的祭品，命运由此终结，这令人毛骨悚然。

▲ 鹰战士头像

"神"之勇士

11世纪末，乌尔班二世（Urban II）当选罗马教皇，基督徒和穆斯林暂且相安无事。过去的几十年间，教皇的权力之争屡屡败北。而如今，这位教皇老谋深算，意欲争权夺势，精心设计了一个计划。1095年，乌尔班二世回法国故地重游期间，号召十字军东征，从"异教徒"手中夺回耶路撒冷。穆斯林统治这座圣城已长达4个半世纪之久，而如今，教皇欲收复"失地"。

1099年7月，第一批十字军战士（一群乌合之众）血洗了耶路撒冷。耶路撒冷沦陷后，留下的十字军建立了法兰克王国的海外领地和耶路撒冷王国。

圣地的许多地方成为虔诚教徒的朝圣之地，基督徒如潮水般涌入，尽管旅途艰险，沿途野兽横行，土匪猖獗。

例如，在1119年复活节，在约旦河沿岸附近，300名朝圣者遭遇屠杀。而同年，基督教徒进一步扩张，但于萨马尔达（Sarmarda）遭遇惨败。基督教军队700名骑士和3000名步兵被屠杀或奴役，这就是"血地之战"（the Battle of the Field of Blood）。

正是在这样的背景下，圣殿骑士团（the Knights Templar）和医院骑士团（the Knights Hospitaller）一跃成名。他们身披铁甲，心怀信仰。仕西多会（Cistercian）会长看来，他们茁壮成长，发展成强大的集团，成为基督教西方世界对黎凡特公国（Levant）若即若离般控制的基石。

> 这位教皇老谋深算，意欲争权夺势，精心设计了一个计划。

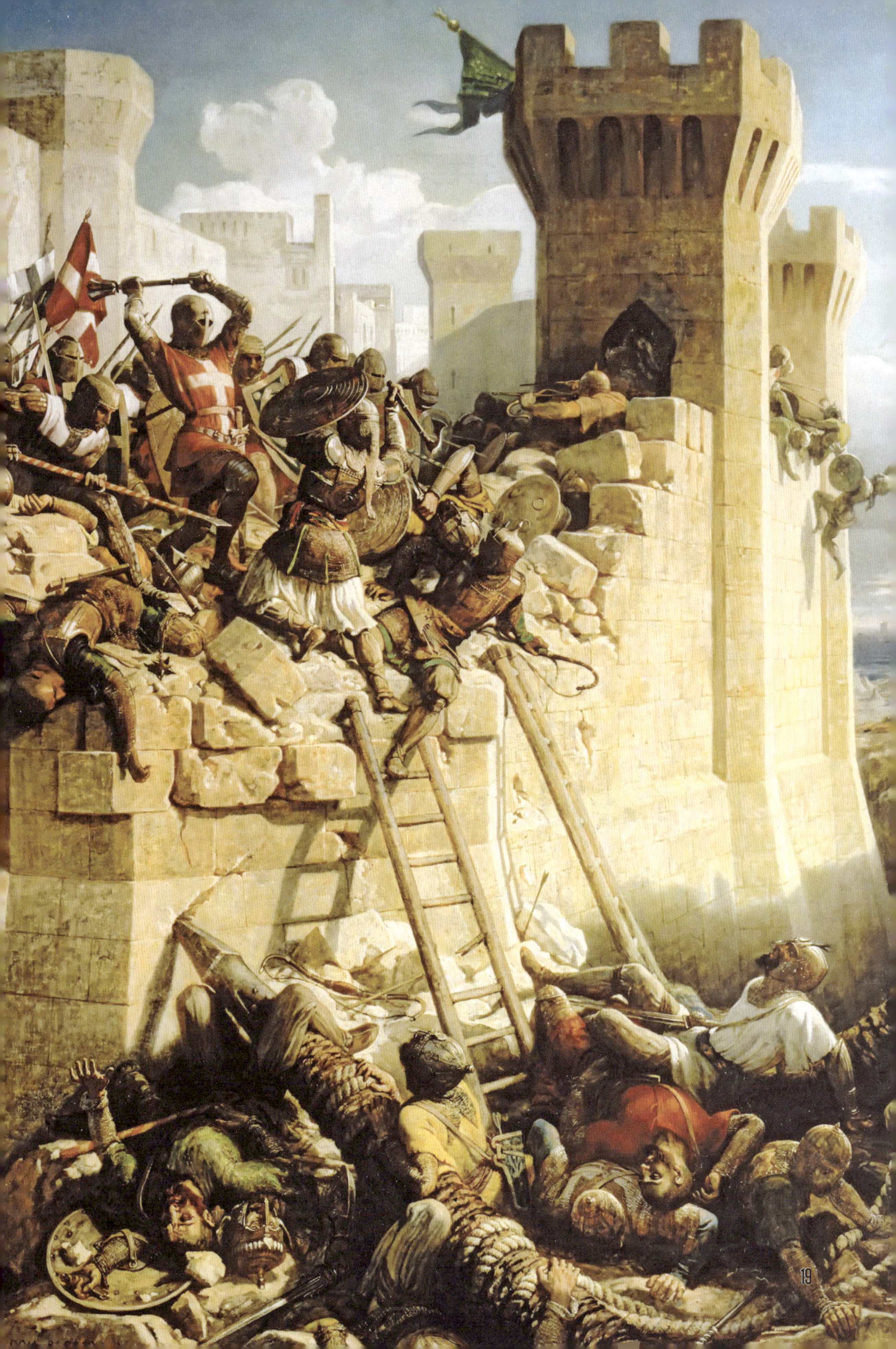

招兵买马

谁能加入久负盛名的圣殿骑士团？有什么条件？

在骑士的世界里，地位就是一切；到了12世纪中叶，如果想穿印有红十字的白色披风，骑士出身就是硬性要求。

然而，不是每个成员都需要拥有骑士的血统，所以军士身穿一件黑色束腰外衣，上面印有一个红十字，外面披着一件黑色或棕色斗篷。他们的盔甲也没有骑士的盔甲精致，只有一顶铁帽和一件无袖锁子甲。

军士阶层还有进一步的分层，包括工匠和战士。工匠有"马厩里的工匠兄弟"（大概是指蹄铁匠），以及修筑防御工事的"泥瓦匠兄弟"。厨师和铁匠也在招募之列。

▲ 除了骑士，布商、厨师和蹄铁匠也被纳为修会成员

毫无疑问，骑士仍是修会的中坚力量。已婚男性可以入会，但不许穿白色外套。入会时，新人要先把世俗服装交给掌旗官，而后统一着装，包括2件衬衫、几条马裤和几双长筒袜。

他们还得到1件白袍、1件束腰外衣和1条腰带。每个骑士有3匹马和1个侍从，若经批准，可以获得更多。骑士还要携带寝具、厨具、床单

▲ 1099年，一座十字军攻城塔，向耶路撒冷城墙输送兵力

圣殿骑士团

成立时间：1118年
创建人：雨果·德·帕英
大本营：初期，耶路撒冷圣殿山；后期，塞浦路斯

这个强大的修会出身卑微。大约1118年、1119年，来自法国香槟区（Champagne）的骑士雨果·德·帕英与8名同伴一起组建兄弟会，立誓保卫穿越巴勒斯坦的朝圣路线。他们得到了耶路撒冷国王鲍德温二世（Baldwin II）的支持，被允许留宿所罗门圣殿，圣殿骑士团由此得名。为了保护朝圣者及其随身带到圣地的财物，鲍德温提出"在王国建立常驻士兵机构"的想法（也许是为了增加人数），并传书于赫赫有名的西多会修道院院长——克莱尔沃的伯尔纳。伯尔纳于1128年、1129年说服特洛伊议会承认圣殿骑士团是宗教团体。显然，这要求骑士团成员保持贫穷并服从教皇。修会赐予成员精神奖励，人数随之激增。

如今，这些战士既可以享受宗教运动带来的精神回报，又能继续武装自己。这是教会一项激进的举措，此前教会坚称其教徒必须保持和平。1139年，这项激进的举措由教皇正式批准。由此，中世纪最强大的军事修会诞生了。

12世纪30年代开始，圣殿骑士的利刃以基督的名义沾满鲜血。捐赠如潮水般涌来，圣殿骑士团蓬勃发展。他们在欧洲各地安营扎寨，接收并掌管与日俱增的财富。最终，他们起初避之不及的世俗权力和财富让他们走向了衰亡。

圣殿骑士团等级体系

大团长
最高统帅，权力无限

司铎长
大团长的副手，举着骑士团的旗帜

军团长
军事机构总指挥

圣地监察长
司库

掌旗官
负责服装供应、福利分发

行省监察长
圣城耶路撒冷监察长、的黎波里监察长、安条克（Antioch）监察长、骑士监察长、特尔科波尔监察长、副总指挥监察长、掌旗监察长、医务监察长

普通骑士
军士、工匠

等战时必需品。依照规定，休战时骑士要过修道士的生活。

战时，圣殿骑士团和医院骑士团人数不占优势，他们与十字军或特尔科波尔（Turcopoles）雇佣兵并肩作战。特尔科波尔雇佣兵是从当地穆斯林中招募的。

诸多戍守部队中，医院骑士团还组建了一定规模的分遣队。据说，医院骑士团只有4名骑士和28名军士在马尔卡布（Marqab）的要塞巡逻，而其余防卫部队均为穆斯林雇佣军。

▶ 教皇乌尔班二世恳求世界各地基督徒向圣地耶路撒冷进军

23

保卫朝圣之路

　　1095年，教皇乌尔班二世重回故里，发动了第一次十字军东征。他号召欧洲大陆的骑士支持东方教友复仇，理由是"异教徒"在圣城对基督教徒实施了暴行。事实上，紧张局势时有发生，但东方整体一片祥和。然而，乌尔班扩张教皇权力的企图即将改变局势。在法国克莱蒙特（Clermont），他呼吁将基督教信仰与军事暴力紧密结合，拉开了战乱时期的序幕，数千人因此丧生。圣战爆发后，不仅是欧洲战士阶层，就连出身卑微的男人、女人和孩子，也都蜂拥而至，投身到他的事业之中。人们认为，教皇布道结束后的12个月里，约10万人响应号召。十字军东征实属激进之举，将流血冲突神圣化，这是在诅咒基督教义。但是，乌尔班字里行间的提法让十字军难以抵抗诱惑。许多年轻骑士寻求冒险，意欲扬名立万、占地为王；物欲无疑左右着许多人的决定。然而，要说最强烈的动机，还得是对救赎的渴望。11世纪，人们对往后余生忧心忡忡，对救赎梦寐以求。毕竟，要想进入天国，还有比占领耶路撒冷（自638年开始，为穆斯林占领）更好的办法吗？当时的人们记载，"上帝在当代发起圣战"，基督徒"可能寻得一条救赎的新路径，所以无须完全放弃世俗"。

　　1099年，十字军最终占领耶路撒冷，一路上血流成河。之后，海外领地出现。那里遍布宗教圣地，那些无法为圣地解放而斗争的人蜂拥而至，奉承上帝，以求恩典。正是为了保护这些旅行者，同时又为王国而战，军事修会应运而生。

十字军堡垒

沙非塔城堡
的黎波里伯国

　　圣殿骑士占领了诸多城堡，如在的黎波里伯国（County of Tripoli）的托尔托萨城堡（Tortosa）和沙非塔城堡（Chastel-Blanc）。沙非塔城堡矗立于380米高的努赛瑞山（the Nusairi Mountains）上，高耸入云，椭圆形围墙环绕四周，最宽处达165米。站在城堡顶端，人们可以远眺位于东南方宏伟的医院骑士团骑士堡（citadel of Krak des Chevaliers）及西北方的托尔托萨城堡。

骑士堡
的黎波里伯国

　　骑士堡可以说是中世纪遗留下来的最令人敬畏的军事建筑之一。1144年被授予医院骑士团，直至1271年最终沦陷。在此期间，骑士堡抵御了12次围攻，击退了萨拉丁（Saladin）。城堡可容纳2000人，物资可支撑数月之久，是防守最佳之选。事实上，骑士堡的陷落，并非被敌军武力破城，而是缘于敌军的诡计和己方低落的士气。1271年，当埃及围攻者拜巴尔斯（Baibars）攻破外墙时，他发现想要破城，还是任重道远。于是，攻城的第六周，他把赌注押在一只信鸽上。信鸽飞越城墙，假传圣约翰修会首领之令，命令守军体面受降。被围困的城堡首领奉命投降，而拜巴尔斯为了谎言不被拆穿，让守军体面地离开了。

约旦－卡拉克堡
耶路撒冷王国

　　约旦-卡拉克堡又叫卡拉克堡（Kerak）或喀拉克堡（Karak）。1152年，医院骑士团占领了城郭，但从未完全占领整座城堡。值得一提的是，1183年，萨拉丁围城时发生了一件趣事。在萨拉丁炮轰城堡期间，一场十字军的婚礼正如火如荼地进行着。新娘的母亲从容不迫地冒着炮火给萨拉丁送去佳肴。萨拉丁遂询问婚礼举办地，以便将炮火对准别处。

安塔利亚 ✪
阿拉尼亚 ✪
塞琉西亚

法马古斯塔
尼科西亚 ✪
①
利马索尔 ✪

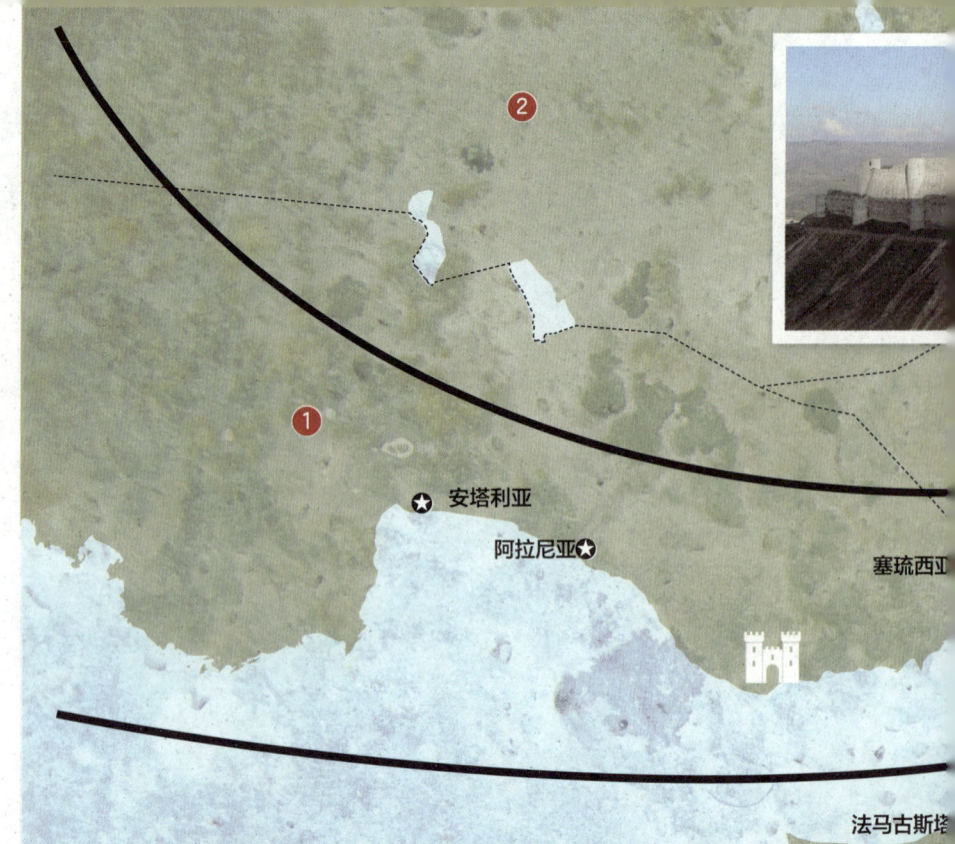

地中海

耶路撒冷王国
第一次十字军东征的领导人委派来自布容（Bouillon）的戈夫雷（Godfrey）去统治从耶路撒冷到雅法城（Jaffa）的这个沿海王国。随后几年，王国一路北扩至贝鲁特（Beirut），占领了提尔城（Tyre）、阿卡城（Acre）和阿斯卡隆（Ascalon）等主要港口，以及拿撒勒（Nazareth）、杰里科（Jericho）和贝尔沃（Belvoir）要塞。

事实上，紧张局势虽时有发生，但东方整体一片祥和。然而，乌尔班扩张教皇权力的企图即将改变局势。

达米埃塔 ✪
✪ 亚历山大港

✪ 比勒贝斯
✪ 开罗

埃德萨伯国
埃德萨伯国是黎凡特公国境内第一个拉丁移民定居点。地处幼发拉底河两岸，人们大多信奉基督教，土地相对肥沃。

安条克公国
安条克公国位于埃德萨伯国和海岸之间，边境朝着阿勒颇（Aleppo，叙利亚西北部城市）绵延。安条克常常与拜占庭帝国及伊斯兰世界发生冲突。它拥有加巴拉（Jabala）、拉塔基亚（Latakia），以及被冠以"红色城堡"之称的要塞。

的黎波里伯国
的黎波里伯国由极具影响力的圣吉尔斯（St Gilles）十字军战士雷蒙德（Raymond）建立。它以其重要的港口"的黎波里"命名，还拥有托尔托萨城堡、白马堡及强大的骑士堡。

图例
- 塞尔柱帝国（Seljuk）入侵埃德萨伯国（1144）
- 第二次十字军东征路线（1147—1149）
- ⚔ 主要战役
- 🏰 基督教城堡

1. 拜占庭帝国 — 基督教国家
2. 罗姆苏丹国 — 伊斯兰国家
3. 奇里乞亚亚美尼亚王国 — 基督教国家
4. 埃德萨伯国 — 十字军国家
5. 安条克公国 — 十字军国家
6. 的黎波里伯国 — 十字军国家
7. 塞尔柱帝国 — 伊斯兰国家
8. 耶路撒冷王国 — 十字军国家

地点
塞斯、土贝塞尔、埃德萨、哈兰城、阿勒颇、安条克、拉塔基亚、哈马、霍姆斯、托尔托萨、的黎波里伯国、巴比洛斯、贝鲁特、西顿、提尔城、大马士革、阿卡城、凯撒利亚、雅法城、耶路撒冷、希伯伦、亚喀巴

战役
- 埃德萨 1144
- 大马士革 1148

圣约翰医院骑士团（医院骑士团）

成立时间：1099年

创建人：弗拉·杰拉德（Fra'Gerard）

大本营：初期，耶路撒冷；

鼎盛时期，马耳他

医院骑士团是中世纪第二大军事修会，该骑士团与圣殿骑士团一样，立下誓约，为保卫圣地而战。然而，各个修会不尽相同。其中最引人注目的，是医院骑士团的医疗职责——这一宝贵遗产，以圣约翰救护车的形式延续至今。

圣约翰医院先于第一次十字军东征期间建立。医院骑士团成立初期人畜无害。他们为前往圣地的穷人和病人提供帮助，为他们提供休养生息的机会，以继续朝圣之旅。医院位于毗邻圣墓的一栋建筑内，为多达2000名病患提供了医疗服务。

然而到了12世纪，随着军事职能的加强，原来的初衷也发生了变化。1136年，耶路撒冷国王富尔克（Fulk）在寻机包围亚实基伦（巴勒斯坦海岸上最后一个穆斯林要塞）时，将一座重要堡垒交给了骑士团。这件事证实了医院骑士团的军事活动，但是确切的时间和原因仍无从知晓。

1144年，医院骑士团占领了的黎波里伯国大片土地，其中包括强大的骑士堡。这个城堡可以说是十字军时期令人印象最深刻的堡垒。1187年，哈廷战役爆发，伤亡惨重，其间，医院骑士团控制了整个黎凡特公国20多个要塞。医院骑士团在增强军事功能的同时，始终坚守医疗职责，在海外领地和圣殿骑士团消失很久之后，他们仍在地中海作战。

▲ 圣约翰骑士被看作医生和治疗师

> 医院骑士团成立初期人畜无害。他们为前往圣地的穷人和病人提供帮助。

其他军事修会

圣殿骑士团和医院骑士团的修道士战士声名远扬,但他们并非孤军奋战。大量军事修会随之涌现……

条顿骑士团

毫无疑问,声望位列第三位的修会当数条顿骑士团。条顿骑士团成立于1198年,与其他大多骑士团一样,也是1197年德意志十字军宣告失败后的残余部队。他们最初屯军于阿卡城的圣尼古拉斯门。虽然他们也参与了保卫海外领地的军事行动,但其真正蓬勃发展还是在波罗的海,而非巴勒斯坦。

圣拉撒路骑士团

人们认为,圣拉撒路骑士团首次记载于1142年,是黎凡特公国出现的第三个修会,他们是一群麻风病患者。圣殿骑士团坚持认为,凡是感染了麻风病的成员都应该退出,然后加入圣拉撒路骑士团。危急时刻,这些所谓"不洁"骑士可能会全副武装,英勇抗敌。

蒙茹瓦圣母骑士团

蒙茹瓦是耶路撒冷城外的一座城堡,得名于朝圣者在圣城跃入眼帘时所发出的赞美之词。西班牙伯爵罗德里戈(Rodrigo)创立了这个修会。他们接受西多会的统治,承诺赎回俘虏、与圣地的"异教徒"作战,但他们很难招募到新兵。

阿卡城圣多马斯骑士团

1191年,狮心王理查一世的军队攻下阿卡城之后,创建了这个天主教修会,但只招收英国成员。直到1217年第五次十字军东征时,圣多马斯骑士团才开始推行军事化,但它占据了阿卡城长达一个多世纪之久。

卡拉特拉瓦骑士团

军事修会在东方首战告捷,在西班牙收复失地运动期间激起了类似的热情。1158年,卡拉特拉瓦骑士团在卡斯蒂利(Castille)成立,旨在将摩尔人赶回地中海对岸。其他修会纷纷建立,例如1170年在里昂建立的圣地亚哥骑士团。

战时军事修会：阿尔苏夫会战，1191年

这就是军事修会在战场上的威力。征服者萨拉丁一向萨拉丁以仁慈闻名，但在哈丁战役取得压倒性胜利后，他下令处决了众多圣殿骑士和医院骑士，以防他们东山再起。

1187年，萨拉丁在哈丁战役中获胜，随后又收复耶路撒冷。这一系列事件引发了第三次十字军东征。此次东征将英格兰的理查一世带到了巴勒斯坦，他很快认识到军事修会高效作战的事实。

例如，1191年7月在阿卡城取胜后，理查一世向南进军。其间，基督教军队受到持续骚扰，而军事修会不仅在击退土耳其的猛攻中功不可没（医院骑士冲锋，圣殿骑士断后），而且在收集草料、治疗伤员方面也起到了关键作用。

同年9月，军事修会在阿尔苏夫真正地证明了自己的价值。当时，萨拉丁急于为阿卡城的屠杀报仇雪恨，最终发动突袭，兵临城下。为确保阿尔苏夫要塞的安全，理查一世将部队编成12个中队，分成5条独立的战线进行最后的推进。这位狮心王将军认识到，群体控制和凝聚力十分重要。

考虑到这一点，他命令圣殿骑士冲锋，医院骑士断后。他认为军纪可以控制那些比较鲁莽的手下。理查一世的手下团结协作，步调一致，所以一位编年史家声称，如果在部队中间扔一个苹果，它甚至不会掉到地上。

萨拉丁发动猛攻，痛击基督教徒的后方，医院骑士团溃不成军，军纪开始涣散。圣约翰骑士团尽管没有接到命令，但还是向袭击者发起了反攻。据一位史学家说，步兵防线散开，圣殿骑士团一马当先，理查一世军队紧随其后，犹如"滚动的浪潮"冲向萨拉丁的军队。

他们的冲击力摧枯拉朽，土耳其人分崩离析，四处逃散。军事修会又赢得了一次胜利。

理查一世率十字军在阿尔苏夫会战中获胜

▲ 法国国王腓力四世下令将圣殿骑士最后一位大团长雅克·德·莫莱烧死在火刑柱上

圣殿骑士的覆灭

圣殿骑士既是抵御东方宗教浪潮的堡垒，也是西方的金融集团。然而1312年，圣殿骑士团惨遭解散，两年后，他们的统领被活活烤死……

1307年9月，腓力四世（Philip IV）国王下达密令给他的总管们，他说："这是令人憎恶的罪行，罪无可赦的恶行，令人发指的事情。"当时，他准备在法国（骑士团位于欧洲的老巢）突击逮捕圣殿骑士。腓力四世对骑士团的指控包括：否认耶稣基督，供奉邪神。教皇克莱门特五世（Clement V）起初提出抗议，但雅克·德·莫莱（Jacques de Molay）大团长和其他人认罪后，他下令在欧洲各地逮捕圣殿骑士。审讯紧随其后，1312年3月，教皇正式宣布解散骑士团。莫莱收回了最初的供词，于1314年在火刑柱上被活活烧死。

丑闻发生期间，许多供认罪行的圣殿骑士辩称，他们是在酷刑之下屈打成招的。此外，没收财物时，他们供奉的所谓邪神也无迹可寻。放眼骑士团的历史，尽管有人变节脱团，离开圣殿，但从未受过这般指控。圣殿骑士团倒台的原因似乎是无中生有，也非内部出现了问题。那么原因究竟何在？

当时，军事修会已经无法兑现保护海外领地的承诺，海外领地逐渐分崩离析。于是，随着1291年阿卡城沦陷，指责者有了抗议的目标。另外，很多人认为，腓力四世是担心国家内部隐藏着一个军事国家，而事实上，圣殿骑士团几乎没有军国主义性质。又或者是腓力四世视财如命，觊觎骑士们的巨额财富？王室虽然也享受着短期的经济利益，但是教皇（常视为法国国王的傀儡）却把财富赐予医院骑士团。然而实际上，腓力并没有得寸进尺，索要这笔财富。

人们纷纷建议合并军事修会，但圣殿骑士团表示抗议。有人认为这激怒了腓力四世，因为他急于再次发动十字军东征，希望带领合并后的修会发动战争。腓力四世可能相信了那些对圣殿骑士团的指控。1305年妻子去世后，他越发关注宗教事务，也许是一心想铲除这种"公认"的邪恶势力。结局是，尽管军事修会继续存在，但最强大的骑士团已被摧毁。

锁子甲
锁子甲是一种护身铠甲，从上到下直至膝盖覆盖住士兵整个身体。它们可以在很大程度上起到保护作用，但是它们的重量却让行动受限，并且在中东炎热的高温下会引起严重不适。

头盔
富有的骑士能买得起"桶盔"，观察缝和呼吸孔是桶盔的主要特征。这种头盔的设计可以有效防御剑击和敌军的利箭。

剑
十字军的剑单手持握，长度中等，剑身笔直，双侧利刃。通常来说，拥有此剑标志着持剑者的贵族身份。剑炳圆头上常常刻有一个十字形图案。

盾
绝大多数十字军的盾牌都很长，且价格高昂。这些盾牌长约0.8米，宽约0.5米，由木头雕刻而成，可以用符号装饰，以便在混战中识别。

束腰外衣
十字军战士通常在锁子甲外面套上一件束腰外衣，上面印有圣乔治十字架。

33

影子战士

忍者不为人知的世界

日本的传奇忍者身上常常笼罩着神话色彩。他们的勋功深深植根于日本的民间传说，模糊了事实与虚幻的界限。他们的鼎盛时期是15世纪至16世纪，民间一直流传着关于他们的传奇故事。然而与之相比，忍者现实生活中的故事更加令人好奇。

忍者出现于15世纪中叶。与忍者息息相关的技能，如间谍、渗透、暗杀等，在他们出现之前就早已有人实践了，但是直到15世纪中叶才出现一批经过专门训练的战士。忍者通常被视作荣光加身的武士的对立面，但是实际上两者的关系更为复杂。

忍者常常是雇佣兵，但也有武士充当忍者的例子。15世纪，开始出现经过专门训练的间谍和刺客，他们充当雇佣兵，受雇于军阀，负责监视、突袭、妨害、谋杀雇主的对家。"忍者"这一术语被用来描述这些雇佣兵。他们不是单纯的农民，至少当过步兵，有时甚至还拥有武士身份。起初，忍者就是子承父业，但随着这个职业的发展，行会和氏族也随之产生。

忍者需要执行最危险的任务，他们的生命往往得不到保障。他们经常扮演间谍、侦察员、渗透者、刺客、纵火犯的角色。忍者的主要任务是通过潜入敌军城堡或营地，抑或通过侦察，来搜集情报。当时，一首日本诗歌建议忍者要"在侦察时，总是把你了解到的一切画出来，然后亲自向战略家汇报"。另外一首建议"行军时如果需要引导和规划路线，你必须带回的基本信息是山脉、水源和与敌方的距离"。忍者搜集来的信息有助于扭转战局，这样的例子不胜枚举。

破坏是忍者的另一个重要职责，他们常常深入敌方城堡纵火。1541年，伊贺（Iga）忍者潜入笠置城堡（Kasagi Castle），放火烧毁了外城的建筑。这种突袭已是忍者的专长，类似的袭击还发生在1558年的泽山（Sawayama）和1561年的米原（Maibara）。

忍者成为暗杀的代名词，军阀们常常雇用忍者来将对手置于死地。忍者神出鬼没，因此城堡

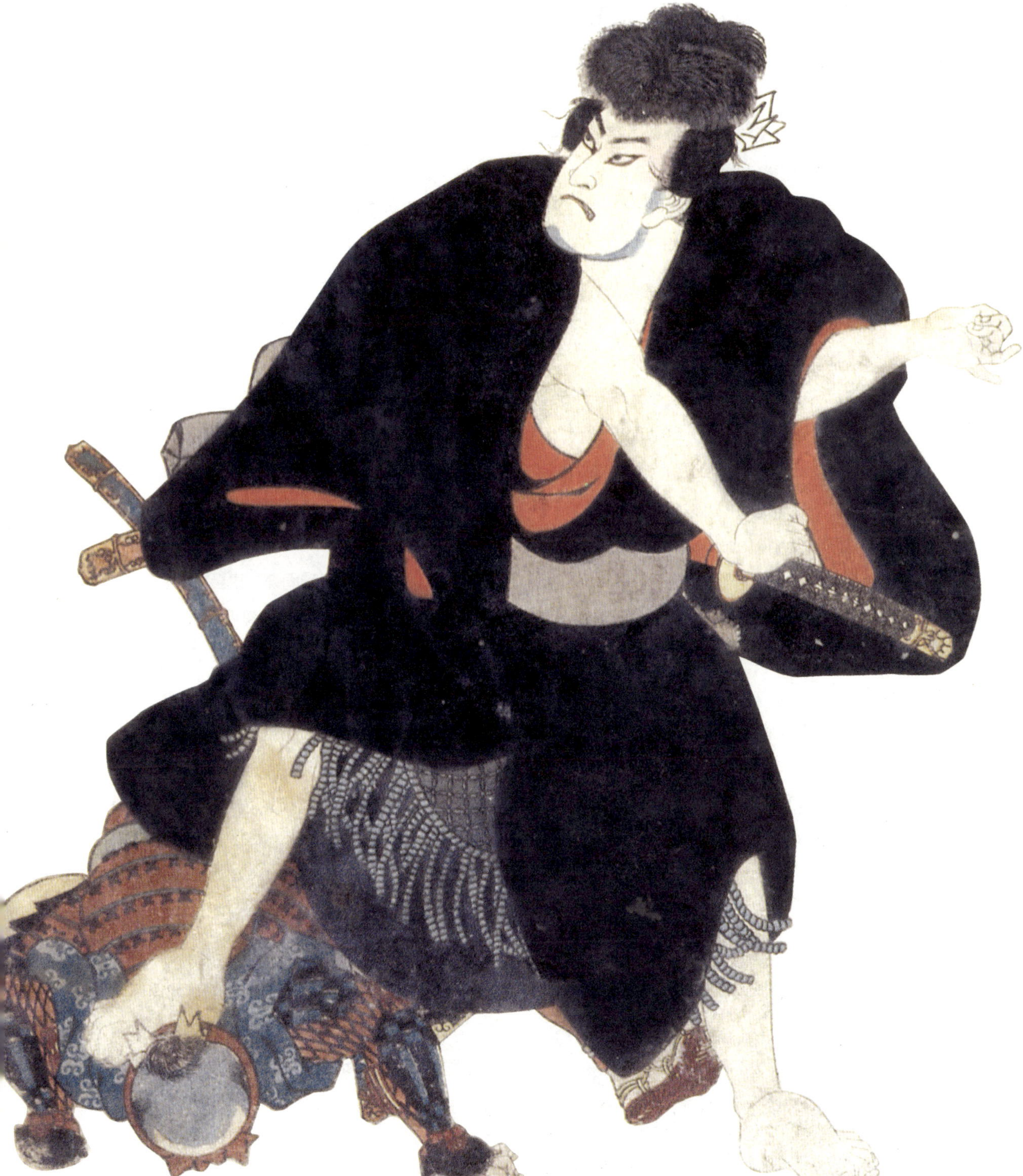

设计者开始设计反忍者防御工事,如压感地板和暗器装置。诸如姬路城(Himeji)等众多城堡的设计,就是让那些不熟悉走廊和通道的人有一种走迷宫的感觉。

然而,这些对策并非总是奏效。忍者使用各种手段,仍进行了数十起暗杀行动。

1467—1477年,日本发生应仁之乱(Onin War),这场恶战席卷整个日本。日本陷入混乱,这时,忍者以一种专业的武士阶层出现了。大名(领主)也随之兴起,他们将忍者当作武器库中的另类武器,雇用忍者成为间谍、侦察员、偷袭者和煽动者来瓦解他们的敌人。忍者经常受到怀疑,甚至遭受盟友的猜忌,但他们凭借一身本领还是勉强得到了尊重。到了17世纪,忍者与武士之间的界限愈加模糊,大名鼎鼎的武士,如服部半藏(Hattori Hanzo),也是技艺精湛的忍者。

近2000年来,有两个氏族为交战中的幕府将军和大名提供忍者。这两个氏族,即伊贺氏与甲贺氏(the Koga),他们的名字源于各自的地域,他们的地域相互接壤。这片山区村落成为日本最精锐的职业忍者的培育基地。这些忍者摆脱了封建领主的控制,能够全身心地投入忍术训练,即"潜行艺术"。

1573年,织田信长(Oda Nobunaga)推翻了足利幕府(the Ashikaga shogunate)。之前,伊贺忍者常常为足利幕府效力。1581年,织田信长摧毁了足利的支持者,率兵入侵伊贺,将许多村落夷为平地,从而巩固了自己的权力。进攻速度如此之快,一时间,伊贺忍者无法施展忍术,很快他们的防御就彻底被摧毁了。

幸存的伊贺忍者穿山而逃,投奔德川家康(Tokugawa Ieyasu)。服部半藏,最伟大的伊贺忍者之一,成为德川的密友和保镖。服部半藏保护德川并帮他躲避织田信长的追杀。因此,1603年,德川成为幕府将军拥有足够权力时,半藏也获得了土地和权力。伊贺氏的幸存者为德川幕府效力,充当护卫和间谍,直至18世纪。

甲贺氏人口较少,他们的忍者独立行动,在14世纪充当雇佣兵,常常为敌对军阀效力。然而,15世纪,当地大名六角(the Rokkaku)却要求他们保卫自己的领土。应仁之乱爆发后,六角开始反抗足利幕府,无视幕府将军的命令,抢夺地盘。1487年,第九代幕府将军足利义尚(Ashikaga Yoshihisa)率领军队围攻六角城堡。正是在这场战役中,为幕府效力的伊贺忍者与甲贺忍者正面交锋。六角城堡一个接一个地沦陷,领主们落荒而逃,他们命令甲贺忍者殊死一搏。甲贺忍者精通游击战。他们借助对当地地理环境的了解,躲在山里,对幕府军队展开突袭。他们袭击幕府将军的营地,用火和烟幕制造混乱,迷惑敌人。他们的行为让幕府将军迷惑不解,措手不及。

甲贺忍者抵御幕府将军部队数年。1489年,足利义尚去世,结束了对甲贺领土的占领。甲贺

▲ 忍者在围攻原城(Hara Castle)中发挥了重要作用

忍者在游击战中的娴熟技术和英勇无畏让他们家喻户晓。无论常规作战还是非常规作战，他们都令人生畏，难以对付。

16世纪60年代，德川家康雇用伴资定（Tomo Sukesada）领导的甲贺忍者突袭今川氏（Imagawa clan）的前哨。伴资定和他的手下潜入今川城堡，纵火焚烧城楼，引起了恐慌，杀死了大批守军。

在关原之战中，他们再次发挥了至关重要的作用。他们保卫了伏见城（Fushimi Castle），抵御了石田三成（Ishida Mitsunari）的进攻。德川家康大获全胜，这场胜仗让他得以建立德川幕府，并一统日本直至1868年。

自1600年起，甲贺忍者与伊贺忍者同为幕府将军的精锐卫队，共同捍卫幕府将军在江户城的权力地位。德川幕府主政，日本太平了几年，然而1637年，忍者最后一次应征出战。

岛原之乱（The Shimabara Rebellion）是

忍者的角色

忍者主要被训练成为一名秘密特工，但他们同样也是高超的战术家和常规战士。

间谍
忍者的首要任务是在军事行动之前和军事行动之中为领主收集情报。利用混入敌军的秘密技能，他们潜入对方营地和城堡。于是，他们就可以绘制防御地图，获取密钥，报告敌军动向。1487年，义尚的忍者潜入札幌（Magari）营地，在发动进攻前带回了重要信息。

士兵
忍者精通潜行，擅长避开敌兵，但他们在常规战中也是技艺超群。有些忍者也是武士，战斗中他们比较喜欢的战术就是夺取敌军旗帜来制造混乱。然而，更为常见的是，忍者被用来充当无情的破坏者，迅速结束长时间的围攻。

破坏者
忍者可以轻而易举地潜入敌方要塞，他们的主要任务之一就是进行破坏。他们的首选武器是火。那个时期，日本典型的城堡是木结构，极易着火。在1558年泽山围攻战中，忍者潜入敌方城堡，将其点燃，结束了僵持不下的战局。

刺客
忍者最具传奇色彩的角色是冷酷无情、悄无声息的杀手。日本军阀织田信长成为众人的攻击目标。1571年，神枪手杉谷善住坊（Sugitani Zenjub）试图取其性命，但无功而返。1573年，真锅（Manabe Rokur）潜入织田信长的城堡，但暴露了行踪，被迫剖腹自杀。1579年，城户弥左卫门（Kido Yazaemon）和他的手下向织田信长开火，但没有打中，只是射杀了其7名随从。

▲ 传奇侠盗忍者石川五右卫门（Ishikawa Goemon）不幸遇难。他被敌人擒获，和他的儿子一起在铁锅里被活活煮死

38

忍术训练

忍者从小接受训练，掌握专业忍者的技能。

忍者倾其一生，磨炼、精通忍术所需要的技术、忍术和能力。这些忍术和传统在父子或师徒之间传承，开创了忍者王朝之盛世。

训练始于孩提之时，例如武士，他们在蹒跚学步之际就开始学习18种忍术，包括如何使用从武士刀到飞镖等各式武器。除此以外，他们还要修习十八般武艺。

忍者还要学会如何制造毒药和炸药，使用枪支，使用伪装术，躲避抓捕。他们非常强壮，身怀绝技，如长时间奔跑、翻越城墙、远距离跳跃，以及徒手与多人对战。

忍者也习得心理战术，学会不畏死亡，并将武士忠诚的传统发扬光大，即为其领主秘密行事，不求回报。

与武士不同，忍者专门从事秘密任务：通过暗杀行动渗透并削弱敌人的力量，从而瓦解他们的战斗力。正规的忍者训练始于15世纪60年代，一直持续到18世纪；现如今，少数学校仍在传承这种技能。

18 种忍术

- **01** 精神的教养
  精神修养
- **02** 体术
  运动和徒手格斗技巧
- **03** 剑术
  用剑作战
- **04** 枪术
  用长矛作战
- **05** 长刀术
  大刀作战技巧
- **06** 棒术
  用棍棒作战
- **07** 火药术
  使用火器、火药和炸药
- **08** 锁镰术
  用镰刀和铁链作战
- **09** 飞镖技术
  投掷武器的技巧
- **10** 射箭术
  射箭的技术
- **11** 水术
  游泳和横穿河流的技术
- **12** 变装术
  伪装的技术
- **13** 隐遁术
  隐藏和消失的技术
- **14** 隐式武器
  隐式武器的使用
- **15** 忍器
  精通用于攀爬和破门而入的工具
- **16** 忍药术
  草药和急救技巧
- **17** 谋术
  情报搜集、隐蔽术和非常规战略
- **18** 天文
  占星学、天文学、气象学、地理学和地形学

以天草四郎（Amakusa Shiro）为首的基督教徒暴动。为反对上涨的苛捐杂税，他们揭竿而起。幕府将军的军队兵临城下，他们撤回原城，掘壕固守，做好长期抵抗围攻战的准备。凭借在围攻战中的专长，甲贺忍者重返战场。据记载，围攻期间，他们被派去侦查基督教叛军的防御工事。他们勘察城堡的平面图、堡垒之间的距离、城墙的高度和护城河的深度。回来后，他们为幕府将军列出了一份详尽的敌人防御部署计划。忍者负责突破敌军防线，夺取物资，探听敌军兵力。在对原城的最后一次突袭中，甲贺忍者充当了联络人，往来奔波于进攻部队之中。城堡很快沦陷，甲贺忍者在这场镇压日本基督教的战争中立下汗马功劳。基督教直至19世纪才再次在日本出现。

伊贺忍者与甲贺忍者备受尊敬，但是其他活跃的忍者也不逊色。风魔小太郎（Fuma Kotaro）领导的忍者效力于北条氏，其领主兵败之后，他们就沦为了土匪。石川五右卫门也是由忍者变为强盗的。他曾师从伊贺忍术大师百地三太夫（Momochi Sandayu），后来成为脱离氏族的忍者。15年来，五右卫门从腰缠万贯的封建名主那里偷取财宝，救济穷人。

五右卫门作为一名传奇人物，对他的死众说纷纭。其中最常见的说法是，1594年在他的妻子被杀、儿子被抓之后，他企图潜入丰臣秀吉（Toyotomi Hideyoshi）的城堡，取其性命。然而，他无意中碰掉了桌子上的一个铃铛，惊动了卫兵，当场被俘。五右卫门和他的儿子在一口铁锅中被活生生煮死。时至今日，五右卫门仍然是日本民间故事中的传奇人物。

并非所有忍者都是男性。女性武士属于日本贵族阶层，此外也有女忍者。女性非常适合忍者这一秘密角色，她们能力超群，可以假扮女仆、

七大著名忍者

服部半藏
16 世纪 40 年代至 1596 年

半藏也是一名武士，一名战术大师，精通长矛格斗，为德川幕府效力。16 世纪 80 年代，半藏携同他的手下保护他们的领主，帮领主一统日本。

望月千代女（Mochizuki Chiyome）
16 世纪 40 年代至 16 世纪 70 年代

望月千代女是最著名的女忍者之一。她创建了一个由孤女、难民和妓女组成的间谍组织，成员均为女性，为她丈夫的叔叔武田信玄（Takeda Shingen）从事间谍活动。

风魔小太郎
1550—1603 年

小太郎是独立忍者风魔一族的领袖人物。小太郎曾为北条氏（Hojo clan）效力，1580 年他和手下秘密潜入武田氏的营地，造成一片混乱与恐慌。

石川五右卫门
1558—1594 年

五右卫门是一个非法忍者，是日本的罗宾汉，专从富有的封建领主那里偷东西来救济穷人。他最终被擒，在大锅中被活活煮死。

伴资定
16 世纪

伴资定是甲贺忍者的领袖。他和 80 名手下受雇于织田信长，前去捣毁今川氏的卡米诺古城堡（Kaminogou Castle）。他们纵火烧掉了城堡的塔楼，杀死了 200 名守军。

加藤段藏（Kato Danzo）
1500—1569 年

加藤段藏是一位技艺高超的幻术师，他将自己的才能与忍者训练合二为一。他因制造干扰和突然消失的能力而闻名遐迩。他侍奉大名上杉谦信（Uesugi Kenshin）。

城户弥左卫门
1539—1589 年

弥左卫门是研究种子岛（Tanegashima）火绳枪的专家。1579 年，他带领一支配备火枪的忍者部队执行暗杀任务，试图刺杀军阀织田信长。

▲ 忍术训练中，一名忍者拔出他的武士刀

▲ 忍者潜入敌后搜集的信息在攻城中至关重要，有助于发现敌人防御的弱点

舞女、妻妾和艺妓，潜入敌方堡垒。女忍者有时也充当致命的刺客。

最著名的女忍者是望月千代女，她是甲贺忍者的后代，也是武士领主之妻。她的丈夫战死沙场之后，她受到丈夫叔叔武田信玄的庇护。武田信玄是武田氏的领袖。信玄让望月组织了一群女忍者来监视其他氏族和大名。望月招募了一帮孤女、难民和妓女，并传授她们忍者的秘术。望月手下的女忍者收集信息并充作信使，为了避免引起怀疑，她们经常以巫女的身份四处游走。她们伪装成艺妓、妓女和女仆，可以出入守卫最为森严的要塞。和男忍者一样，她们也是训练有素的刺客。武田信玄1573年去世之前，她们已经发展到几百人了，其死后，她们就在历史上销声匿迹了。

1638年岛原之乱结束后，日本进入了江户时代的长期和平时期。岛原之乱是忍者最后一场大战，之后他们就慢慢退出了历史舞台。这场战争都是一些小规模冲突和短暂的叛乱。18世纪，人们认为忍者传统的角色（间谍和情报收集）被御庭番众（the Oniwaban）接管，后者向幕府将军德川吉宗（Tokugawa Yoshimune）报告，并提供其统治下封建领主们的信息。忍者的传统仍在传承，但只有少数人才可以被称为货真价实的忍者。

42

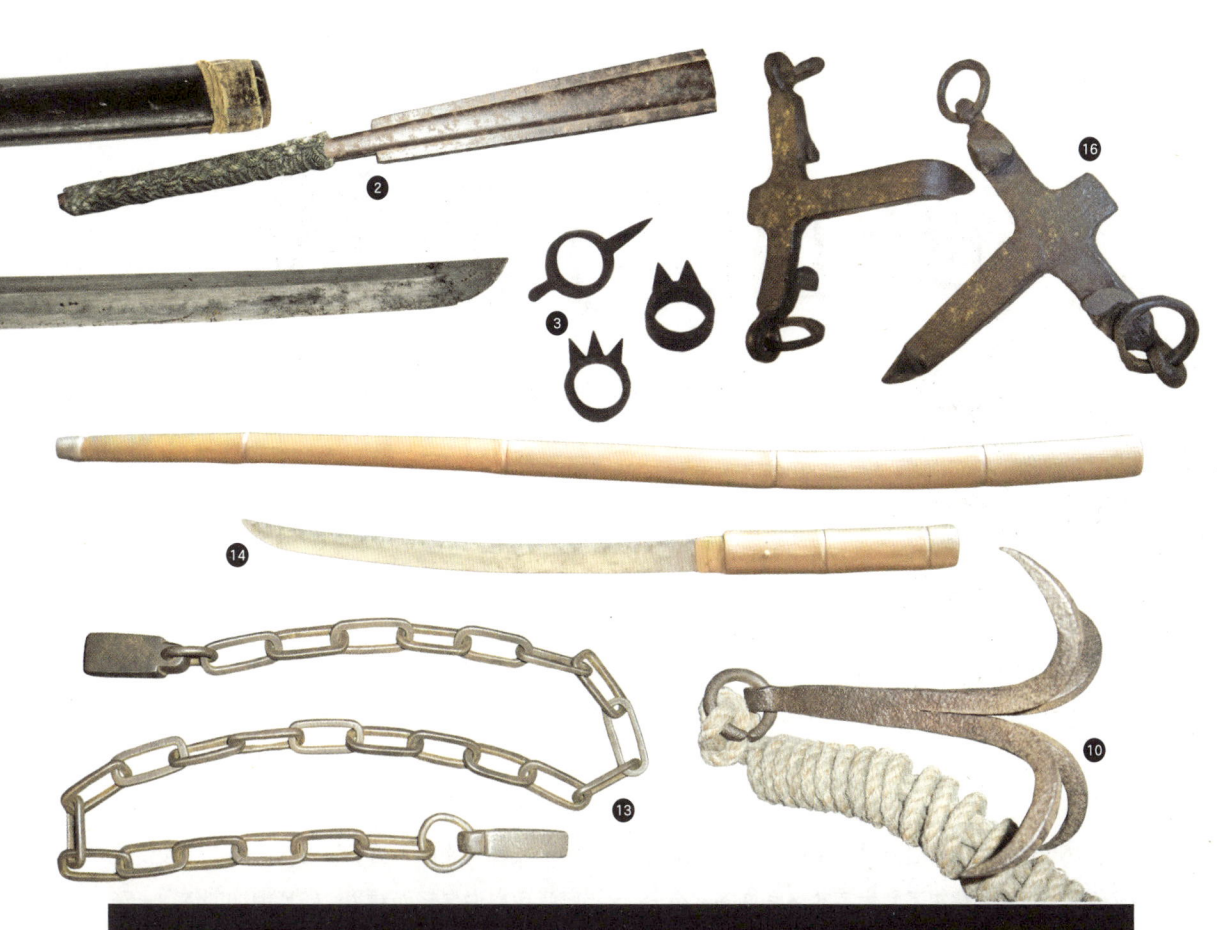

忍者的百宝箱

忍术武器的设计足以让忍者潜入、行刺和脱身。

1 双刃忍者刀
这种双刃刀连接一条3.5米长的绳索或链条，由一种农用刀具演变而来。它是一种远程武器，也可用来爬墙。

2 铁扇
铁扇又称战扇，用铁制成，用作一种隐蔽性武器，阻挡飞镖和箭矢。

3 角指
这种铁环小巧带刺，尖端往往涂有毒药。

4 浪人叉
浪人叉和十手（jitte）均为钝器，通常成对使用，侧面的钩子用来钩住敌人的衣物。它也是一种阶层的象征。

5 契木
类似于欧洲的连枷（旧时长柄脱粒农具），契木杆上拴有一个铁制重物。

6 棒手里剑
一种简单的、钉状投掷型武器。用于近距离减缓敌军前行速度和伤害对手。

7 飞镖
忍者最负盛名的武器。飞镖从来都不是用来杀人的，可以缠上导火索，用来制造一团有毒的烟雾。

8 棒火矢
棒火矢起源于朝鲜，起初由弓射出。16世纪，火绳枪传到了日本，武士和忍者开始用它们来发射棒火矢。

9 武士刀
武士刀是武士的代名词，但忍者也使用这种致命、锋利、手工制造的刀。使用武士刀是忍者必须掌握的武术之一。

10 钩绳
忍者的一种特殊装备，这种爪钩可用来翻墙。

11 锁镰
锁镰是一种带有铁链的镰刀，铁链可以用来缠住对手的武器，然后用镰刀攻击他们。这种武器的使用技能被称作锁镰术。

12 撒菱（又称十字钉）
这些尖锐的铁菱角可以用来对付人和马。

13 万力锁
万力锁，或称分铜锁，由一根链子（长度不等）、两端各系的重物组成。

14 仕込杖
这种隐蔽的刀杖是忍者完美的武器，适合混入禁止携带武器的地方。

15 手甲钩
手甲钩也由农具演化而来。手甲钩可以套在双手之上，用来划伤敌人的脆弱部位。

16 防滑楔
忍者将这些铁楔子系在脚上，利用尖钉帮助他们攀登城堡和要塞的外墙。

17 弓箭
忍者和武士都使用弓箭。16世纪和17世纪，这一性能卓越的武器持续演变发展。忍者需要精通弓箭的技能，学习快速击中步行中或马背上的目标。

43

鲜血与金钱

17世纪德意志雇佣兵惨绝人寰的生死战

三十年战争常常被认为是欧洲耗时最长、最惨无人道的战争之一。罪魁祸首在于，庞大的神圣罗马帝国内，天主教与新教两大宗教的权力之争。

1555年的《奥格斯堡条约》（The treaty of Augsburg）解决了两大宗教之间许多现有分歧，但对于解决皇权至上及邦国权利等根本问题却收效甚微。作为哈布斯堡皇朝代表人物，斐迪南二世（Ferdinand II）对天主教心虔志诚。他先后成为波希米亚和匈牙利国王，最后当选为神圣罗马帝国皇帝。他在位期间，天主教在整个帝国范围内令出惟行。直到1618年，许多新教国家对这种威逼胁迫之法愤恨不平，公然起义。

30年来，血雨腥风席卷欧洲，尤其是德意志诸国。在这场恣意的屠杀中，大约800万欧洲人命丧黄泉。除伤亡惨重外，这场冲突因为新教和天主教联盟的大量雇佣军而闻名天下。尽管此时德意志雇佣兵的黄金时代已经远去，但他们仍然是一支令人闻风丧胆的精锐雄兵。

瑞士雇佣兵主宰了15、16两个世纪的所有战场，为了与之抗衡并效仿他们，德意志雇佣兵应运而生。这支军队为各国君王（如查理五世与亨利八世）而战，从此声名鹊起，令人闻风丧胆。

和当时许多雇佣兵团一样，德意志雇佣兵的主要兵器是长矛。长矛通常约6米长，在军队方阵中形成锋利无比、坚不可摧的屏障，摧毁步兵与骑兵可以说是轻而易举。新兵稍加训练，长矛就会立即成为他们手中的致命利器，因此与变种剑、长戟、火绳枪等其他兵器相比，这种兵器更受青睐。16世纪晚期至17世纪，火绳枪越来越多地与长矛组合使用，普遍见于后来的"刺杀与射击"。在整个16世纪，德意志雇佣兵的规模不断缩小，编队也发生了变化。这种组合机动灵活，因此德意志雇佣兵在三十年战争期间及战后功绩累累。

20世纪90年代，德国研究人员发现了一本残缺不全的日记。作者是一名战时德意志雇佣兵——彼得·哈根多夫（Peter Hagendorf）。日记记录了17世纪军队士兵的生活画面，旅途中他们饱受饥饿、穷困甚至死亡。

日记时间跨度为1624至1648年，其中最令人惊叹之处是哈根多夫在24年中跋涉山川，万里迢迢走过将近15000英里的路程，其中大

战场上的奇装异服

德意志雇佣兵的穿着表明，时尚的确让人无法抵抗。他们名声在外，鲜艳华丽的服装让人一眼便能认出。紧身裤、斜纹紧身上衣、饰有羽毛的帽子、飘逸宽大的袖子，以及林林总总的遮阴袋（codpiece）是16世纪和17世纪早期雇佣兵的典型服饰。比起亚麻布，羊毛更受青睐，因为亚麻布上的斜纹容易脱落。这种时尚感别有风味，独具一格。雇佣兵的生命往往短暂而野蛮，因此神圣罗马帝国皇帝马西米兰一世（Maximilian I）鼓励他们如此穿着以给世人留下深刻印象。雇佣兵可将盔甲，通常是胸甲，套在斜纹紧身上衣外面以增加额外的保护。

部分为步行。一路上，他遍览德意志，越过阿尔卑斯山进入意大利，登陆波罗的海海岸，抵达法国和波美拉尼亚，最后辗转回到千疮百痍的德意志。

日记中，雇佣兵首鼠两端之性暴露无遗，哈根多夫在战争期间三易其主。大部分时间里，他服役于戈特弗里德·帕本海姆（Gottfried Pappenheim），同时他又为威尼斯人效力。

彼得·哈根多夫先是与帕本海姆为敌，但他所在兵团解散之后，陷入困窘之境。从1627年开始，彼得·哈根多夫受雇于帕本海姆。他在此服役长达6年之久。随后，他所在连队在斯特劳宾（Straubing）遭到瑞典人的围攻，整个连队差点儿被杀绝。哈根多夫（此时已是一名中士）当时并没有投降，而是加入了红色军团。此次突变似乎并未让彼得·哈根多夫感到惊慌不安，他仍笔耕不辍，记录下他如何卖掉一匹马来支付与表弟畅饮3天的费用。然而，此次阵营变化也没有持续多久，因为在1634年一次完败之后，他又重新回到了帝国主义阵营。

与其他冲突相比，三十年战争更多的是在宗教互不容忍的背景下发生的。匪夷所思的是，彼得·哈根多夫从不谈论他或是他军团的从属关系，可能作为一个雇佣兵，这并无任何必要。经年累月，彼得·哈根多夫变得越来越无情，对身边的暴力和苦难麻木不仁。

尽管战斗是雇佣兵的本职，但哈根多夫的日记并没有记录太多他参战的信息。他的军团只见证了两场主要战争。1631年5月20日，马格德堡（the city of Magdeburg）遭受了一次突袭，场面十分惨烈。当时的报道刻画了战场上的血雨腥风、肆意屠杀，数千名士兵冲进了这座城市，他们穷凶极恶、饥肠辘辘、贫困潦倒。这场大屠杀惨无人道，以至于"马格德堡化"在接下来的

▲ 温普芬战役（the Battle of Wimpfen）。敌我双方的长矛步兵团云屯雾集

许多年里成为片甲不存的代名词。作为这场杀戮的目击者，该城的一位居民写道："……从很远的地方就能听到喊声、哭声和号叫声。"

相比之下，哈根多夫的日记，从雇佣兵的角度来看，将战争的血腥与痛苦完全撇开不谈。他确实对马格德堡的沦陷表示悲痛，因为在他眼中，马格德堡是一座美丽的城市，而且位于他的"祖国"德意志境内。特里恩杰·赫尔费里奇（Tryntje Helfferich）在《三十年战争：纪录片史》[The Thirty Years' War: A Documentary

History，2009，哈克特（Hackett）]中对哈根多夫的日记进行了翻译。哈根多夫描述自己参与了劫掠："我横冲直撞，毫发无损。但在纽镇大门的镇子里，我两次中枪，这成为我的'战利品'。"由于无法参与抢劫，哈根多夫被送回营地并接受治疗。"一次是腹部中枪，而另一次，子弹穿过我的两个肩膀，留在了衣服里。所以牧师（军医）把我的手绑在背后，以便他能顺利插入凿子（镊子）。"

雇佣兵不参与行动，生命就不会受到威胁，也就意味着他们无法洗劫城市，因此一无所得。幸运的是，哈根多夫的妻子就在附近，进入城市后抢走了一些战利品。建筑物遭到拆毁时她开始担心自己的安全，于是她撤离险地并成功带回来"一个大酒杯……两条银腰带和一些衣物"。

哈根多夫还参加了布莱登菲尔德战役（the Battle of Breitenfeld），这场战役在围城仅仅数月后爆发。他如是描述了这场战役——杰出的古斯塔夫·阿道夫（Gustavus Adolphus）将军大获全胜——但对于这场战役的重要性却只

组织成员

纪律严明、组织严密,方能统御勇武战将。

　　德意志雇佣兵团组织严明,纪律谨饬。最高级别的军官,多半是上校,直接统领他的指挥组,这个指挥组的人数大约为22人。除上尉、中尉、中士、下士等职衔外,还有少尉军衔。雇佣兵需要佩戴军团的徽章,有两个作用:其一是体现军团的精神面貌;另外一个比较实际的用途就是,徽章具有标识作用,方便雇佣兵在硝烟弥漫、喧闹嘈杂的战场上分辨敌我,认清方向。

　　其余不怎么参战的成员在军队中一样至关重要。精挑细选的书记官、外科医生、厨师、牧师、仆人和音乐家是整个军队的必要组成部分。雇佣兵对其中一些职位不屑一顾,但事实上它们不可或缺。

　　雇佣兵中酗酒、赌博、施暴行为屡见不鲜,指挥官的职责就是防止和力阻这些行为。他还需负责维持战地人员的秩序——从粮草供应商到厨师、工匠。如果有人未经指挥官的同意实施了抢劫、焚烧或攻击,他们就有可能受到刑罚。这些受刑之人身着红色衣物,容易辨认,是战营中最令人深恶痛绝之辈。

▲ 德意志雇佣兵为自己光彩夺目的战服感到自豪

是轻描淡写。就算他明白其中的深谋远虑和政局变动，他也没有对其进行任何讲述。这场战役确实说服了许多信仰新教的德意志王国支持瑞典。然而哈根多夫并未表明政治立场，因为这场战役的意义对他来说并不重要。

显而易见，每个雇佣兵最在乎的就是金钱，即使身处险境亦是如此。三十年战争中，诸如口粮等的报酬基本延迟发放甚至不发放。因此，掠夺成为获得报酬的最有效方式。哈根多夫勤勉地记录着他的富裕与贫穷，让我们了解到他在混沌时期不断挣扎谋生的心路历程。

多年来，哈根多夫通过各种方式拓宽收入渠道。1625年，警卫换岗之后，他与一位琵琶匠做了一笔交易，收入可观。然而，到了第二年，这些钱便花得一干二净了，哈根多夫只能在米兰街头乞讨。

没有了收入来源，哈根多夫只好加入了帕本海姆兵团，因为他当时"穷困潦倒、无家可归"。动荡的岁月，哈根多夫时而衣食无忧，时而又像1634年那样一贫如洗。他交给仆人保管的所有财物被洗劫一空。然而，其他还算顺利，比如在1640年和1646年，他用自制烤箱烤面包，帮助军队缓解了口粮短缺问题，不过当时他只是收取象征性的费用而已。

兵马未动，粮草先行，三十年战争尤为如此。多年的冲突几乎让德国的庄稼颗粒未收，日常的口粮几乎总是断顿儿。这些口粮常常统一备置然后分发给大家，通常就是730克重的面包，由小麦和黑麦面粉烘焙而成。

雇佣兵军团腐败成风，问题层出不穷，其中最突出的问题来自生活物资。指挥官试图通过在名册上记录"虚拟"的新兵来牟取利益。这些人虽然不存在，但是只要上了名册，雇主就会给"他们"发放装备和工资，而最高级别的官员都会从中抽成。这种行为让一些人的腰包鼓了起来，却降低了军团的战斗力。贪欲在指挥官中蔓延开来，军需官和军官也在寻找机会中饱私囊。他们经常用劣质谷物磨面以提高利润。此外，地域分配存在差异，底层士兵很是不幸，他们常常发现自己的面包不够吃。肉类配给的情况也是如此，饥肠辘辘的士兵只能吃长满蛆虫或腐烂的肉，而当官的却从中获取不义之财。毋庸置疑，在配给如此艰难的情况下，人们就会通过抢劫来填饱他们饥肠辘辘的肚子。哈根多夫对抢劫轻车熟路，他在法国科尔马（Colmar）附近偷窃并烧毁了大片农作物。

事实上，哈根多夫在日记中用了大量笔墨记录了他在战争中享受的食物和饮料。他对盛宴或紧缺食物的描述似乎让所有军事交战和生活等其他方面的描述都相形见绌。几乎每年，他都觉得有必要记录下"好季度"的时刻。这就意味着，他知道一家客栈何时会供应鸡肉、鸭肉或嫩牛肉，而部队主要供给的是老牛肉。

哈根多夫表达了对啤酒、葡萄酒和任何他能弄到的酒类的极度喜爱，这也许是他危险生活方式的一部分。然而，饮酒只能让他暂时逃离困扰，得到片刻喘息，仅此而已。通常情况下，这会让原本艰难的生活变得雪上加霜，无法忍受。

1625年，他被一个威尼斯雇佣兵团解雇。抵达沙夫豪森镇（the town of Schaffhausen）后，他沿街乞讨足够的钱后买了几双保暖的鞋子。他刚刚穿越了阿尔卑斯山，因此保暖鞋就成了必备物资。然而，他找到了一家旅馆，"那里的酒很好，以至于我忘记了鞋子"。哈根多夫在24年军旅生涯中，四处漂泊，无法安顿下来，家人也只能选择随他而行。当时，即使是成年人也经常食不果腹，饥寒交迫，恶病缠身，在那种环境下养育孩子将面临巨大挑战。

不幸的是，在24年的时间里，他的7个孩子和第一任妻子相继去世。他只是在日记中用一个简单的十字架对这些孩子做了标注，他们通常都是出生几个月后就生病夭折了。1648年宣布休战进入和平后，哈根多夫与他唯一幸存的儿子团聚，他说"我把我的儿子带出了埃及"。

三十年战争中，大量雇佣兵并未受到当地民众的欢迎，这一点可以理解。雇佣兵工资不高，他们通过抢劫获得收入。雇用他们可能意味着军队要参战数年。对掠夺的默许使得骇人听闻的事件频发。一位16世纪的作家描述他们"亵渎、嫖娼、赌博、谋杀、焚烧、抢劫和让女人守寡……这是他们通常的手法和最大的娱乐"。

德意志雇佣兵和其他雇佣兵一样，手段残忍。在某种程度上，这可能源于这种特别的制度。这些人有时忍受着难以想象的艰难困苦。饥饿、疾病、贫穷和战亡的阴影会笼罩在许多人的头上，也许是纯粹出于求生的欲望才让他们采取如此令人质疑的行动。

战争的恐怖

攻城略地,欧洲人民深受威胁,两军罪责难逃。

三十年战争,伤亡惨重,触目惊心,深受其害的不仅仅是军队。雇佣军掠夺成性,欧洲尤其是德国的平民百姓也遭遇种种暴行,这些暴行罄竹难书。敌我双方对盗窃、勒索甚至谋杀等种种行径难辞其咎。行经一个省份时,军队会索取食物与钱币,同时也会征收各种苛捐杂税。根据赫尔费里奇在《三十年战争:纪录片史》中的翻译,哈根多夫在为帕本海姆服役时曾写道:"无论我们在哪里漂泊过夜,主人家都会给我们……半个银币。这是上上之策,因为从那以后,我们……可以让他安安稳稳地养家糊口。"

此类种种行径在战争中层见迭出,不足为奇,因为在战争开始之前令人痛心疾首的恶劣行径就早已发生了。众所周知,"布拉格扔出窗外事件"(The Defenestration of Prague)发生于1618年,是三十年战争的直接导火索之一。天主教摄政者们曾前往波希米亚,试图安抚反叛的新教徒。讨论愈演愈烈,还有人煽风点火,"看,各位亲爱的大人,这些人与我们和我们信仰的宗教为敌……"。话音刚落,摄政者们就从窗户被扔出来,有的落在粪堆中,侥幸逃脱。

▲ "布拉格扔出窗外事件"成为反抗哈布斯堡皇帝的催化剂

武士之殇

日本武士阶层何以败北?

太阳爬过山顶时，只有40名武士感受到了它的温暖，这个集团的其他武士在前几个月接二连三的战斗中相继罹难。西乡隆盛（Saigo Takamori）是武士集团的首领，也是日本帝国军队中备受尊敬的陆军元帅，他在战斗中腿部和腹部受伤，于是恳求他的朋友别府晋介（Beppu Shinsuke）将带他到静僻之处。到了那里，他便剖腹自尽了。武士用开膛破肚的方式自杀，被认为是一种体面的死法。

武士集团领袖已死，山形（Yamagata）将军率领的约3万名拥有先进武器的帝国军队近在咫尺，数百年来在日本社会中扮演重要角色的武士们似乎在劫难逃。别府晋介不堪屈节辱命，召集幸存者，带领他们向帝国军队发起自杀式冲锋。加特林机枪在清晨的空气中咆哮，将迎面冲来、劫数难逃的死敌撕成碎片。由此，武士时代在一场血腥和荣誉的风暴中画上了句号，残酷而又令人难以忘怀。

过去1000年的大部分时间里，人们无法想象武士不复存在的局面，因为他们在日本社会举足轻重，似乎在这个国家的结构中早已根深蒂固。然而，他们所处的世界正在发生变化。科技的进步结束了日本的孤立主义，开辟了贸易路线，随之而来的是知识和文化的交流。这标志着一个狂妄自大的武士集团已经走向末路，他们不

加特林机枪火力威猛，在这样的世界里，武士真的还有价值吗？

三大传奇武士

▲ 宫本武藏斩杀巨兽的奇幻插图

▲ 一幅描绘19世纪江户时代源为朝的木版画

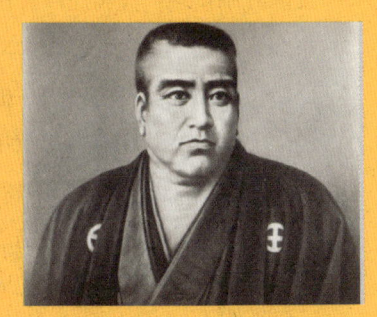

▲ 武士领袖西乡隆盛，武士最后的捍卫者

宫本武藏

据说，宫本武藏在60多次决斗中未尝败绩，并创造了双剑格斗技术"二天一流"，即同时使用一把长剑和一把短剑。他很小就开始了正规的剑术训练，他在一本书中写道，13岁时他就进行了第一次决斗。宫本武藏擅长写作、精通绘画，他的作品《五轮书》（The Book of Five Rings）有关于武术和剑术的内容，至今仍广为流传。

源为朝

武士不仅仅是致命的剑客，他们中还有很多人精通弓箭，源为朝便是绝佳的代表人物之一。据称，他天生左臂比右臂长6英寸[①]，这意味着他可以将弓弦拉得更紧，产生更强的射击力量。他在战斗中被俘，左臂肌腱被切断，无法再拉弓射箭。随后在1170年，这位弓箭手剖腹自杀。

西乡隆盛

尽管西乡隆盛因领导反抗帝国军队的叛乱而家喻户晓，但是他实际上参与了新政府的建立，因为1867年，他的部队在明治维新中支持天皇，他还曾担任新政府的御用幕僚。日本的"全盘西化"、入侵朝鲜的失利及武士的没落让他倍感失望，于是他率军对抗帝国军队。这是一场注定失败的叛乱。

① 1英寸=0.0254米。——编者注

想做出任何改变，也不明白为何要去改变。加特林机枪拥有超强火力，源源不断地喷射出致命的子弹，战船在安全距离内就能向城镇发射火炮，在这样一个世界里，武士真的还有用武之地吗？

日本武士逐步形成了一套荣誉、礼仪和道德准则（武士道），这种准则意味着一朝为武士，终身为武士。尽管如此，他们最初只不过是新生力量，凭借战斗技能而声名鹊起。646年，日本大化改新让政权落入少数大地主手中，形成了类似于中世纪欧洲的封建制度。这些地主需要保护财产，防止有人抢夺他们的庄稼或土地。受雇保护富人的那些人逐步开始建立一套准则，武士由此诞生。平安王朝连续几任天皇都软弱无能，逐渐失去对国家的掌控，权力进入真空状态。到1100年，日本武士已经完全掌握了军事和政治大权。

从此，日本开启了武士的黄金时代。在接下来的几个世纪，直到江户时代（1603—1868）末期，武士阶层一直处于日本生活的核心。在此期间，敌对氏族争权夺利，相互厮杀。江户时代，社会更加和平稳定，这意味着许多武士无需参战，他们转而成为教师和政府成员。武士暂无用武之地，但他们在社会上仍然受到尊敬，是唯一可以佩剑的阶层。这是他们地位的标志。这段和平时期可能削弱了武士在日本社会中的关键作用，但与即将发生的事情相比，这根本不算什么。当时的世界正经历着政治和社会革命，这种变革的浪潮很快证明弓、箭或剑无计可施、无能为力。

对日本而言，这种变化始于1853年，当时美国海军将领马休·佩里（Matthew Perry）率领舰队进入江户湾（今东京湾）寻求贸易合作。此前，日本一直采取孤立主义政策，但一些政治精英开始意识到，他们的国家在技术方面远远落

武士道：武士守则

忠
武士是在日本封建时代发展起来的，受雇于大地主从而保护他们的领土。众所周知，武士对自己的主人忠心耿耿，绝对服从。

义
守则中最重要的要素之一。许多武士认为，没有义作为基础，其余守则将不复存在。义就是义无反顾地做武士认为正确的事情。

勇
武士时时刻刻都要彰显勇气，即使剖腹自杀也不要沦为阶下之囚。战场上，如果不能冲锋陷阵、保护同伴，他们还不如结束自己的生命。

仁
武士掌握生杀大权。如果觉得农民对他们不敬（即使没有），他们也有权力将其处死，而且不用担心会受到报复。有了这种权力，仁就成了武士守则的重要组成部分。

礼
礼貌和风度是武士生活的一个重要部分，他们必须对同伴、主人和上司彬彬有礼。违背这个规定就是一个危险的、往往十分致命的错误。

名誉
对耻辱的恐惧笼罩着所有武士。失去荣誉，往往会导致敌对派别之间长期且致命的血海深仇。许多情况下，剖腹自尽是仅剩的唯一体面的选择。

诚
人们认为，真正的武士视金钱如粪土，拥有财富会助长奢靡之风，而奢靡之风则会影响男子气概。武士中的儒家哲学决定了朴素是武士的唯一选择。

叛乱的消息一经传开，日本各地的武士和农民蜂拥而至加入其中。

后于其他国家（日本还没有实现工业化），现代化是与其他世界大国竞争的关键。

此时，日本名义上仍由天皇统治，但实权却掌握在幕府将军（军事领导人）手中。

深知国家需要剧变，于是两位大名（手握大权的领主）组成攻守同盟，反对幕府将军的统治，旨在让天皇重获实权。当时执政的幕府将军德川庆喜辞去职务，但无意放弃实权，当明治天皇发布倒幕令时，他派武士大军前往京都意欲废黜天皇。

敌我阵营拔剑相向，国家前途未卜。1868年1月27日，在鸟羽-伏见之战（the Battle of Toba-Fushimi）中，幕府将军战败，由此拉开了戊辰战争（the Boshin War）的序幕，这场战争一直持续到1869年5月。与鸟羽-伏见之战如出一辙，在戊辰战争中，天皇军队凭借更现代的武器和战术占据上风、大获全胜。

获胜之后，年轻的天皇（据称受到幕僚的影响）开始了重塑日本的进程。他推行社会改革，如普及儿童基础教育，投资重型机械为制造业注入新活力等。此外，他还推崇"全盘西化"，于1871年颁布一项法令，鼓励穿洋服吃西餐。

1600年10月21日，关原之战后，4万名敌军士兵的头颅被带到了德川家康面前

因为无法继续战斗，西乡隆盛为了荣誉做出这个决定，其余的武士也是如此，他们选择了冲锋陷阵。

可以说，对日本武士影响最大的改革就是日本建立了现代征兵部队，这意味着武士的作用正在消失，他们不再是这个国家的主要战斗力，也不再是唯一可以携带武器的社会阶层。与武士手中的武器相比，这些新式武器（大炮和来福枪）无须过多操练技巧，也就是说在战斗中一个农民只要有枪就可以击败一个武士。

如果征兵部队的推行暗示着武士时代即将逝去，那么1876年天皇颁布的下一道法令则让所有人对此深信不疑，即武士不可以随身佩剑。他们作为特权阶层的地位已然终结。尽管他们不是一下子就失去了威望，但对很多武士来说，这简直是奇耻大辱。日本领导人觉得他们需要推进现代化，以避免落后，而武士只是这一进程的牺牲品之一。日本政府认为，这些武士与时代格格不入，与现代日本毫无关联。

有一些武士适应了这一现代化进程，为了国家利益，放弃了他们曾经的信仰，并想成为新日本发展的先驱。政府实施了一项复兴武士的计划，帮助他们找到工作，并试图将他们安排在企业领导的位置，因为他们受教育程度高于大多数人。然而，大部分武士认为这个国家变化太快，正在失去自己的文化和传统。在西乡隆盛的领导下，他们决定表明立场。

西乡隆盛身材魁梧，身高近6英尺，体格健壮。他是一个低级武士的儿子，领主去世后他含垢忍辱，被流放到一个偏远的岛屿，但后来他再次加入大名军队，重沐荣光。他在新一届明治政府的建立中发挥了重要作用，1871年，许多资深政治家缺席期间，他甚至负责掌管看守政府。虽然他反对西化，但事实上，他入侵朝鲜的提议遭拒时，他辞去政府职务回到鹿儿岛（Kagoshima），在当地建立了一所军事学校。他很快聚集了支持者，包括大失所望的武士和对中央政府心怀敌意的民众。

西乡隆盛在历史上的成就看起来注定微不足道，因为他穷其一生崇尚陈旧的武士传统和教义。1877年，一群武士叛军袭击并占领了政府的弹药武器库，宣布西乡隆盛为他们的领袖。他勉为其难，在历史上最后一次带领武士冲锋陷阵。

随着叛乱消息走漏风声，来自日本各地的武士和农民蜂拥而至，加入了他们的队伍。很快西乡隆盛就掌管了4万人，人数不算少，但依旧无法与政府的30万人相提并论，而且那些人受过现代战争训练并配备优良武器。叛军向戒备森严的熊本城（Kumamoto Castle）进军，配备枪支的武士和农民部队包围了城堡。在两个腥风血雨的夜晚，叛军发起猛烈攻击，试图爬上城墙，但一次又一次地被炮火击退，武士们对如何突破防御工事并没有协调一致的作战计划。政府增援部队到达并与叛军交战，双方发生了数次激烈冲突，最后各自撤退。

叛乱持续了6个月，虽然双方都取得过胜利，但政府军比叛军更容易补充兵力，叛军逐渐被战舰等优势技术火力击垮。据估计，帝国军队损失了6000多人，10000人受伤；兵力较少的

在两个腥风血雨的夜晚，叛军发起猛烈攻击，试图爬上城墙，但一次又一次地被炮火击退，武士们对如何突破防御工事并没有协调一致的作战计划。

武士叛军则有7000人阵亡，约11000人受伤。

经过接二连三的交战，耗损殆尽的叛军潜入鹿儿岛，占领了城山的一座城堡。政府军花了几天时间才找到他们，当找到叛军时，结果如何，可想而知。

西乡隆盛为他最亲密的朋友组织了一场清酒派对，这是让人刻骨铭心的血性表现，因为他一定知道会发生什么。这将是他生命中的最后一个夜晚，因为凌晨3点，帝国军队冲进了城堡，开始屠杀里面的叛军。

败退时，只有40名叛军还活着，西乡隆盛也身负重伤。虽然无法战斗，但受荣誉驱使，他和仅剩的武士冲进了帝国军队等候已久的枪林弹雨之中。

武士时代也许在这一天就已经结束了，但是它落下帷幕时，却向世人彰显了让武士阶层如此传奇的核心要素——荣誉、勇气和忠诚。

▲ 穿着洋服的帝国军官接受叛军投降

日本武士

战士
他的目标是在战争中英勇献身。

武器
每个战士佩带 2 把剑，作为等级的象征。

假面骑士头盔
铁制头盔。

面罩
绘有狰狞面孔的防御面罩用于吓唬敌人。

护喉
保护咽喉。

护肩
保护肩膀。

胸甲
允许大幅度自由运动的胸甲。

护臂
保护手臂。

护手
保护手掌。

护腿
保护大腿上部，用若干丝绳串联涂漆铁板而成。

轻巧便携，易于更换。

佩楯
保护大腿的下半部分，穿在护腿里面。

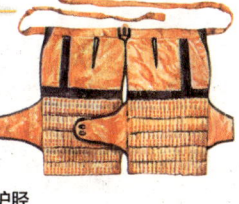

护胫
护胫由皮革与粗布制成，用绳索绑在小腿上起保护作用。

凉鞋

短剑
长 30.5—61 厘米。

剑
一把长度超过 61 厘米的剑。战士常给自己的武器命名，因为他们相信武器是他们战斗力的灵魂。

武士道守则
武士道的意思是"武士骑士之道"，对军事生活具有一种近乎宗教般的奉献精神。这一守则为所有武士设定了道德标准和行为模式。

剖腹自尽
武士会选择这种自杀方式，而非屈辱受死。

封建日本的社会结构
日本社会由氏族或家族组成，他们在农田问题上争执不休。

天皇
天皇并不关心政治或经济。

幕府将军
幕府将军是拥有政治和经济权力的军事领导人。

大名
大名是权倾朝野的宫廷贵族，他们拥有大片领地，领取俸禄。

武士
武士忠于大名，对大名绝对服从、忠心耿耿。

工匠、村民、商人
接受大名的保护。

浪人
四处漂泊，没有主人，他们往往不受尊重，为社会所抛弃。

59

帝国卫队
拿破仑麾下的特种部队

众所周知,老近卫军(The Old Guard)在滑铁卢战役中试图挽回败局,但为时已晚,他们仍是拿破仑军队中极其重要的组成部分吗?

路德维希·埃尔肖尔兹(Ludwig Elsholtz)/文

普鲁士军队进攻普朗斯努瓦(Plancenoit),战场上卫兵的尸体随处可见

1815年6月18日上午，威灵顿正在坚守阵地并随时准备开战。拿破仑很高兴有机会给对手致命一击，他对福伊（Foy）将军说："我将派出骑兵与老近卫军一同上阵。"

像往常一样，排兵布阵时，拿破仑命令帝国卫队留守，随时待命。下午4点前，负责攻占拉海圣（La Haye Sainte）的元帅内伊（Ney），误把英军的行动当成撤退的开始。拿破仑此时急功近利，下令骑兵冲锋，直击威灵顿的老巢。尽管老近卫军的轻骑兵奉命按兵不动，但他们还是紧随其后，发起猛攻。

帝国卫队枪骑兵布拉赫（Brach）上尉后来解释了这场极具争议的行动。"帝国卫队的四个骑兵团，即内伊将军麾下的一个师，一整天都寸步不离，紧靠尼维莱（Nivelles）公路。他们直到进攻时才开始行动……四个团在同一条战线上，从靠近主干道这边开始，枪骑兵在右边，他们的左边分别是猎骑兵、龙骑兵和掷弹兵……龙骑兵和掷弹兵在候命时，以为接到进攻的命令，我们就冲了上去！"下午5点，拿破仑派出帝国卫队重骑兵和骑兵中队前来支援，勒菲弗尔－德斯努埃特（Lefebvre-Desnouettes）亲自挂帅上阵。法国骑兵冲入英军的步兵方阵，但没有造成什么伤亡。

到下午6点，拿破仑开始担心，而他的担心也是有道理的。法军与威灵顿军队的滑铁卢战役已经持续了6个多小时。比洛（Bülow）的第四军团于下午4时30分抵达普朗斯努瓦附近，离

◀ 根据荣军院军事博物馆（Musée de l'Armée at the Invalides）保存的原始资料和制服绘制的一名老近卫军插图。头戴熊皮帽，身着蓝色制服、白色背心和马裤，留着小胡子。在战场上，这身装束一眼就可以识别出来

法军阵地的后方不远。杜赫斯梅（Duhesme）率领的青年近卫军（the Young Guard，3000人）被派去对战普鲁士军队。

正如庞特库兰特（Pontécoulant）上校解释的那样，这场斗争从一开始就注定失败。青年近卫军由"新兵组成，他们本应扩充帝国卫队。然而，除了名字，他们与帝国卫队没有什么共同之处，他们毫无斗志，寡恩薄义"。当青年近卫军被赶出普朗斯努瓦时，拿破仑命令部署老近卫军第2掷弹兵团第2营和第2猎骑兵团第1营。佩莱特（Pelet）将军和1110名法国士兵奉皇帝之命，手里齐刷刷地端着刺刀向前迈进。普鲁士军队在大规模进攻中总能见到帝国卫队的身影，因此惊慌失措，弃村而逃。

比洛决心夺回村庄，他派出希勒（Hiller）、雷塞尔（Ryssel）和蒂佩尔斯基希（Tippelskirch）领导的三个师（共27个营），并配有骑炮兵支援。两个老近卫军营，连同2000名青年近卫军士兵一直顽强抵抗，直至天黑。晚上9点，普鲁士军队最终占领了教堂和墓地。佩莱特将军和少数老近卫军士兵成功脱身后，与其余撤退的士兵会合。

普朗斯努瓦的英勇防御给了拿破仑充裕的时间，继续与威灵顿的军队周旋。晚上7点30分前后，他发动帝国卫队步兵，进攻威灵顿的老巢。大本营驻扎在卡尤（Caillou）农场附近，以保护法军总部，而第一掷弹兵团作为最后预备队，留守在皇宫农场附近。行军期间，拿破仑命令另外3个营即第1和第2猎骑兵营及第2掷弹兵团的1个营按兵不动。因此，没有一个老近卫军营参加过这次举世闻名的突击战。

中近卫军（the Middle Guard）6个营（3000人），在帝国卫队2支骑炮兵的支援下，似乎一边前进，一边在演奏《熊皮帽进行曲》（the *march of the bearskin hats*）。近卫军的推进威胁到了盟军的老巢，但最终被阻挡住前进的步伐。事实上，法国军队寡不敌众，他们处于劣势，步履蹒跚，极其狼狈。拿破仑军队的精英第一次败北。空气中充斥着"近卫军撤退了！"的呐喊声。在随后的溃败中，老近卫军各营井然有序地撤退，他们组成方阵，准备当天的终极决斗。15年来，这支特种部队超群拔萃，如今却已不复存在。帝国卫队走向了尽头。

▶ 1806年10月14日，拿破仑在耶拿战役（the Battle of Jena）中检阅老近卫军。贺拉斯·韦尔内（Horace Vernet）绘

创建与组织

拿破仑在1799年11月策划了一场政变（雾月18日政变），并成为法国第一执政。之后，他希望组建一支军队来保护自己。原内阁近卫军成为新执政近卫军的核心。

内阁卫队的掷弹兵在雾月政变中发挥了重要作用。当拿破仑的人身安全受到五百人委员会的威胁时，他们将其解救出来。1800年初，执政近卫军由2个掷弹步兵营、1个轻步兵连、2个掷弹骑兵中队、1个猎骑兵连（轻骑兵团）和1个炮兵分队组成。拿破仑的姐夫约阿希姆·缪拉（Joachim Murat）成为近卫军第一任指挥官（1799年10月21日至1800年4月16日），之后让·兰尼斯（Jean Lannes）接任。

这支军队在与奥地利马伦哥会战（the Battle of Marengo，1800年6月14日）中接受了战火的洗礼。法国官方对这次战役进行了描

若要进入卫队，士兵必须

1. 至少参加过3次战役（1802年发生4次战役，1804年发生2次战役）。
2. 因勇敢或是负伤而受过嘉奖。
3. 是一名现役军人。
4. 身高至少180厘米才能加入掷弹兵，身高170厘米才能加入猎骑兵。1804年分别降至176厘米与167厘米。
5. 表现不凡，出类拔萃。

▲ 青年近卫军的猎骑兵指挥官雅克·德·特罗布里安（Jacques de Trobriant）的画像

青年近卫军与中近卫军

帝国卫队不仅由闻名遐迩的老近卫军组成，还包括其他为皇帝英勇作战的卫队。

老近卫军今天依旧赫赫有名，但也不该忘记帝国卫队中还有其他卫队。历史学家常常忽视这两支卫队。

中近卫军于1806年创建，接纳轻步兵，由掷弹兵与猎骑兵组成，他们都是历经1805—1809年各种战役的老兵。这支军队多次征战，最终与老近卫军合并，但许多士兵依旧用曾用名来称呼它。

青年近卫军是对1812年后创建的帝国卫队的称呼。青年近卫军训练年轻骨干，之后他们可以被编入老近卫军或成为军官。青年近卫军包括步兵团与骑兵团（如青年近卫军的猎骑兵团）。

青年近卫军常常出现在战场上，伤亡率极高，但其价值却不尽相同。1812年，俄法战争中，法军损失惨重，为尽量避免逃兵带来的问题，青年近卫军降低了门槛要求，志愿者和应征者可以直接加入。由此带来的经验不足导致了作战技能和作战动机的参差不齐，但毫无疑问，青年近卫军在1814年和百日战争中作战英勇。

述，称近卫军是精锐之师："他们被安排在了战场中央，在这个巨大的战场上坚不可摧。没人能伤到他们。骑兵、步兵、炮兵，每个士兵都在朝他们攻击，但都徒劳无功。"然而，奥地利人对近卫军在马伦哥行动的描述却截然不同："近卫军溃不成军。士兵几乎全部阵亡或被俘，大炮也被缴获。"虽然奥地利人的描述有些夸张，但执政近卫军在战场上的伤亡确实惊人，一半士兵殒命沙场，而由245名掷弹兵和185名猎骑兵组成的骑兵卫队也损失了30%的兵力。

卫队中有3个人因勇猛果敢而备受关注：勒鲁瓦（Leroy）、兰斯勒（Lanceleur）和米勒特（Milet）。他们每个人都缴获了一面旗帜，捕获了几名敌军士兵。

回到巴黎后，拿破仑意识到，将近卫军的领导权拱手让人会危及自己的权力，于是便夺取了指挥权。让·兰尼斯对这一决定愤愤不平，然而他还是被罢免了，并被派往葡萄牙担任大使。1802年8月，拿破仑修改宪法，建立终身执政制度。实际上，他已经成为无冕之王。

执政近卫军扩编了新部队。步兵新增1个掷弹步兵团和1个步兵猎骑兵团。骑兵则新增1个掷弹骑兵团、1个猎骑兵团、1个骑炮兵中队、1个卫队水兵营和4个炮兵连。此外还有1个卫队医院。执政近卫军总共有9798人。

1804年5月10日，一份公告将执政近卫军改制为帝国卫队："近卫军接到通知，参议院今日宣布拿破仑·波拿巴为法国皇帝，并采取世袭制。皇帝万岁！无条件忠诚于法国第一任皇帝拿破仑。今天，近卫军改称帝国卫队……"

皇帝决定只接受出类拔萃者。另有一项法令规定："所有部门的士兵都可以加入执政近卫军。加入近卫军是对你勇气和行为的奖励。"要想加入，士兵需要满足众多必要条件。加入近卫军之

▲ 拿破仑向老近卫军告别。安东尼·蒙德福特（Antoine Montfort）绘

前，通常要先得到所在团首领的推荐。

1806年，上述军团成为老近卫军。其士兵并非年长。已成建制的执政近卫军中，少数士兵经验丰富。兵团名册登记的第一个人出生于1751年，一直服役至1814年1月1日。最年长的士兵出生于1738年，但在近卫军成立的同年就领取了退休金。

皇帝决定组建新的军团，入选条件相对没有那么苛刻。随着新部队的建立，如龙骑兵队和波兰枪骑兵队，近卫军的组成也发生了变化。久而久之，中近卫军与老近卫军合二为一。轻步兵的5个营由年轻的志愿者组成，他们都来自富裕的家庭，希望成为军官。工资和装备都出自他们的家庭。1806年，拿破仑还从贵族中招募了一支新骑兵部队。然而，这支骑兵最终昙花一现。这支骑兵的建立其实是对波旁王朝军队的一种怀旧做法，但拿破仑迫于军团的压力，最终放弃了。

老近卫军士兵的待遇优于步兵团。老近卫军士兵的薪水要高得多：掷弹兵每天能挣1.17法郎，而普通士兵只能得到0.30法郎。老近卫军下士工资是1.67法郎，而前线的下士工资只有0.45法郎。军官的待遇更为丰厚。

此外，老近卫军偶尔会得到奖金或奖励，所住营房也更舒适惬意。战时，帝国卫队总是第一个选择住处。近卫军的医院特别好，由最好的医生来管理。同样，军队制服也由最有才华的裁缝量身定做。一线步兵的制服要穿两年；而近卫军一旦发现制服有磨损的迹象，就可以随时领取新的制服。

老近卫军的士兵拥有更多的特权：1805年的一项法令赋予了掷弹兵和士官等级优势。老近卫军的掷弹兵或猎骑兵应等同于其他部队的中士。老近卫军的军官也有类似的好处。1804年7月13日，皇帝颁布的一项法令规定："无论帝国卫队在哪里服役，他们都要被授予荣誉职位。与其他士兵同处时，级别相同的帝国卫队军官和士官会自动成为指挥官。当兵团或前线部队遇见近卫军时，他们必须向近卫军敬礼……直到他们离开为止。"

可以料到，不是所有人都喜欢这些优待。内伊将军麾下的一位军官在回忆录中写道："帝国卫队过得很滋润。在他们身边你会感到不舒服，因为一切都是围着他们转。"

几乎在所有前线步兵的信件和回忆录中都可以找到嫉妒的情绪。这种情感可以理解，尤其考虑到帝国卫队的素质随着时间的推移而下降。最初，作为后备部队，近卫军优中选优；而在1812年俄法战役兵败之后，近卫军越来越像一支普通军团，士兵数量也暴增至10万人。

临军对阵

拿破仑不愿在战场上动用老近卫军，而是将其作为储备军，在关键时刻出击。尽管名声在外，但是老近卫军很少出兵交战。然而，1805年，对战奥地利时，近卫军的水兵在克雷姆斯（Krems）拯救了一个步兵师。在同一战争中，近卫军的骑兵在奥斯特里茨战役（the Battle of Austerlitz，1805年12月2日）中表现出色。掷弹兵让-罗赫·科涅（Jean-Roch Coignet）目睹了整个行动。"皇帝派我们去推进这场战斗。我们到了那里，25000顶熊皮帽。近卫军和欧迪诺（Oudinot）掷弹兵……我们在鼓声和音乐声中平静地行进。拿破仑想让乐师们在每个营的中心与我们一同行进，以此向指挥敌军的皇帝致敬。到达山顶时，我们被敌军残余部队包围了，他们从早上开始就一直在战斗。

"俄国帝国卫队在前面。皇帝让我们停下来，并派出马穆鲁克部队和猎骑兵。马穆鲁克部队手持弯刀，令人生畏。他们一刀就可以砍掉一个人头。其中一位战士返回三次，只为把敌人的旗帜送给皇帝。

"第三次，皇帝要他留下但他又离开了，再也没有回来。他永远留在了战场上。猎骑兵并不比马穆鲁克部队差，但人数很少，寡不敌众。俄国帝国卫队由意志坚定的士兵组成。我们的猎骑兵必须召回。皇帝派出了黑马与掷弹骑兵……

"他们如雷电般掠过我们，发起了冲锋。15分钟，一片混乱，令人难以置信，感觉像是过了一个世纪。我们在硝烟与尘土中啥也看不见。我们害怕看到战友遇害。老近卫军和掷弹兵抵达战场，给敌人最后一击。硝烟与尘土很快就消失了。俄国帝国卫队不见踪影。我们的骑兵凯旋，列队于皇帝身后。"

1807年2月7日，埃劳战役（the Battle of Eylau）中，帝国卫队的骑兵再次备受关注。在这场战役中，老近卫军的步兵在皇帝眼皮子底下英勇作战。掷弹兵第1兵团击退了俄军的进攻。俄军的这次突袭威胁到了总指挥部和拿破仑本人。多尔塞纳（Dorsenne）将军看到1名军官下令齐射，便大叫道："举起武器！老近卫军只用刺刀。"这次反击非常成功，几乎完全摧毁了俄军纵队。

1808年，部分近卫军参与了镇压马德里起义。次年，拿破仑率领远征军前往伊比利亚半岛（the Iberian Peninsula），大部分近卫军跟随其后。在那里，近卫军首次战败。当时，英

▲ 近卫军猎骑兵团军需官中士

▲ 德鲁斯（Dreuse），第2轻枪骑兵退伍兵，摄于1857年

▲ 杜赛尔（Ducel），传奇的马穆鲁克部队成员

▶ 19世纪50年代，掷弹兵布尔格（Burg），拿破仑麾下的退伍兵之一

▲ 国民卫队（the Departmental Guard）退伍兵，身着全套军装

"近卫军宁死不屈！"

这一声呐喊具有传奇色彩，据说是滑铁卢战役中一名老近卫军将领所为，表明了老近卫军的决心。

200年来，历史学家和业余爱好者一直在争辩，滑铁卢战役中指挥最后一支老近卫军的皮埃尔·康布罗纳（Pierre Cambronne，1770—1842）将军如何回应英国人的劝降。参加这场战役时，这位军官已身经百战。

皮埃尔·康布罗纳出生于1770年12月26日，1792年志愿加入革命军队，1806年成为上校，1810年成为近卫军腾跃兵（法国散兵，也是一种轻步兵）指挥官，并被封为男爵。康布罗纳随后与近卫军一起在西班牙、俄国和德国作战。

拿破仑被流放到厄尔巴岛（the island of Elba）时，康布罗纳紧随其后，担任军事指挥官。他的忠诚得到了皇帝的奖赏，受封为伯爵。滑铁卢战役中，他身受重伤，被送往英国。一名记者说，康布罗纳向英国人大喊："近卫军宁死不屈！"其他人，包括维克多·雨果在他的《悲惨世界》一书中，却认为这位勇敢无畏的军官大喊的是"狗屎"。

事实上，康布罗纳对这两种说法均予以否认。似乎他绝不会如此讲话，俘获他的英国上校证实了这一点。其他目击者称，另一位率领骑兵师、殒命沙场的老近卫军将军克劳德·艾蒂安·米歇尔（Claude-Étienne Michel，1772—1815），可能会说出这样的话："近卫军宁死不屈！"

军伏击了3个猎骑兵中队和马穆鲁克部队。猎骑兵的首领，勒费夫尔·德努埃特（Lefebvre-Desnouettes）将军被敌人俘虏。拿破仑很快被迫放弃西班牙，转而与奥地利开战。在1809年战争期间，老近卫军在埃斯林战役（the Battle of Essling）后保护法国军队时，损失了一些士兵。1个月后，猎骑兵和波兰枪骑兵击败了奥地利军队，赢得了新的荣誉。在瓦格拉姆战役（the Battle of Wagram）中，波兰枪骑兵夺下敌人手中长矛，乘胜追击。这一传奇行动之后，他们改制为长矛轻骑兵。

1812年6月24日，法国军队入侵俄国。老近卫军紧随皇帝身后，但直到博罗季诺战役（the Battle of Borodino，1812年9月7日）才开始投入战斗。战斗从早上6点开始，持续了整整一天。下午3点，青年近卫军被派往战场，

当时敌我双方难分胜负。有几位军官让拿破仑派出老近卫军。其中，拉普（Rapp）将军在被医生带出去治疗的时候尖叫道："陛下，您需要让老近卫军参与进来！"拿破仑回答说："我绝对不会！我不想让他们被炸毁。不用他们，我照样能拿下这场战斗。"最后，拿破仑取得了战术上的胜利，但未能摧毁俄国军队。

拿破仑拒绝动用老近卫军，因此俄国人免于全军覆没。几天后，法国大军占领了莫斯科。但莫斯科人民对这座城市的破坏对法国人来说是灾难性的，老近卫军与其他军团一同洗劫了幸存的建筑物。9月29日一份公报总结了这支精锐之师带来的耻辱：

昨天和今天，老近卫军犯下了罪行，他们制造混乱，实施抢劫。看到负责他安全的特种部队竟有如此之举，皇帝很是难过，他们本应在任何

情况下都非常出色。一些人砸开军队储存面粉的仓库的大门，还有一些人任意抗命犯上，虐待卫兵和他们的指挥官……

近卫军的士兵不仅偷窃食物，还偷窃大量战利品。他们军纪涣散，引起了军队其他人员的注意，引发了广泛的敌意。俄法战争后，一名军官写信给战争部长抱怨说："近卫军名誉扫地，遭到一致反感。"

摧毁莫斯科后的撤退对法军来说是灾难性的，而帝国卫队是唯一保持某种凝聚力的部队。然而，各种交战夺去了很多人的生命。

1812年11月15日至18日，在克拉斯诺伊战役中（the Battle of Krasnoi，法军损兵6000余人），第3掷弹兵团最初拥有305名士兵和军官，而最后仅有36人幸存。战役开始时，帝国卫队180名军官和6235名士兵渡过了尼门河（the Niemen River）。几个月后，仅有177名军官和1312名士兵生还，再次渡过这条河，而骑兵部队全军覆没。

帝国卫队从头开始重建，但寻找人手并非易事。一位在线列步兵团服役的士兵在信中表明，最优秀的士兵受邀申请加入帝国卫队。然而，大多人都犹豫不决，因为有传言说这些近卫军要被派往西班牙。而事实上，在1813年的所有战役中，老近卫军只在哈瑙战役（the Battle of Hanau，1813年10月30日）中作战过。

莱比锡战役（the Battle of Leipzig）后，

▲ 身穿老近卫军猎骑兵上校制服的拿破仑

他们如雷电般掠过我们，发起了冲锋。15分钟，一片混乱，令人难以置信，感觉像是过了一个世纪。

69

法国人向法国撤退,但被冯·维尔德(von Wrede)元帅率领的巴伐利亚(Bavarian)军队拦截。这位巴伐利亚将军想要阻止拿破仑的撤退。这一次,拿破仑毫不犹豫地派出了他最优秀的部下——青年近卫军和老近卫军加入战斗,横扫敌军。接下来的胜利对拿破仑至关重要,这样法军就可以撤回国内,抵抗联军对法国的入侵。

迫于联军的压力,拿破仑没有时间让老近卫军重拾昔日的辉煌。尽管如此,法国近卫军在1814年的战役中仍表现出众,战绩不菲。法国皇帝在蒙米拉伊之战(the Battle of Montmirail)的当晚写道:"我的老步兵和猎骑兵创造了奇迹。他们所取得的成就甚至可以与骑士故事中的成就相提并论。"同日,他写信给他的哥哥:"我派遣老近卫军一半的兵力,就获得了战争的胜利,他们的表现超出了人们的预期。我的步兵、龙骑兵、掷弹骑兵创造了奇迹。"

敌方联军尽管吃了几次败仗,但拿破仑还是没能阻止他们向巴黎进军。1814年4月4日,拿破仑让位给他的儿子,之后被迫于4月13日签署《枫丹白露条约》(the Treaty of Fontainebleau)。他和724名老近卫军被送到厄尔巴岛。剩下的军团被重新命名:掷弹步兵变为法国掷弹兵,掷弹骑兵变为法国皇家铁骑团,猎骑兵团变为皇家猎兵团,龙骑兵团变为法国皇家龙骑兵团,第2轻骑兵团变为法国皇家枪骑兵团。

拿破仑并没有在流放地停留许久。1815年3月1日,他在法国登陆,3月20日,他抵达巴黎并签署了一项法令,重新建立帝国卫队。由于缺少重要的指挥官,这支特种部队已经失去了往日风貌。不久,在拿破仑辉煌生涯的最后一次战败中,许多近卫军战士在比利时战场上命丧黄泉。

▶ 滑铁卢战役中最后的掷弹兵。贺拉斯·韦尔内绘

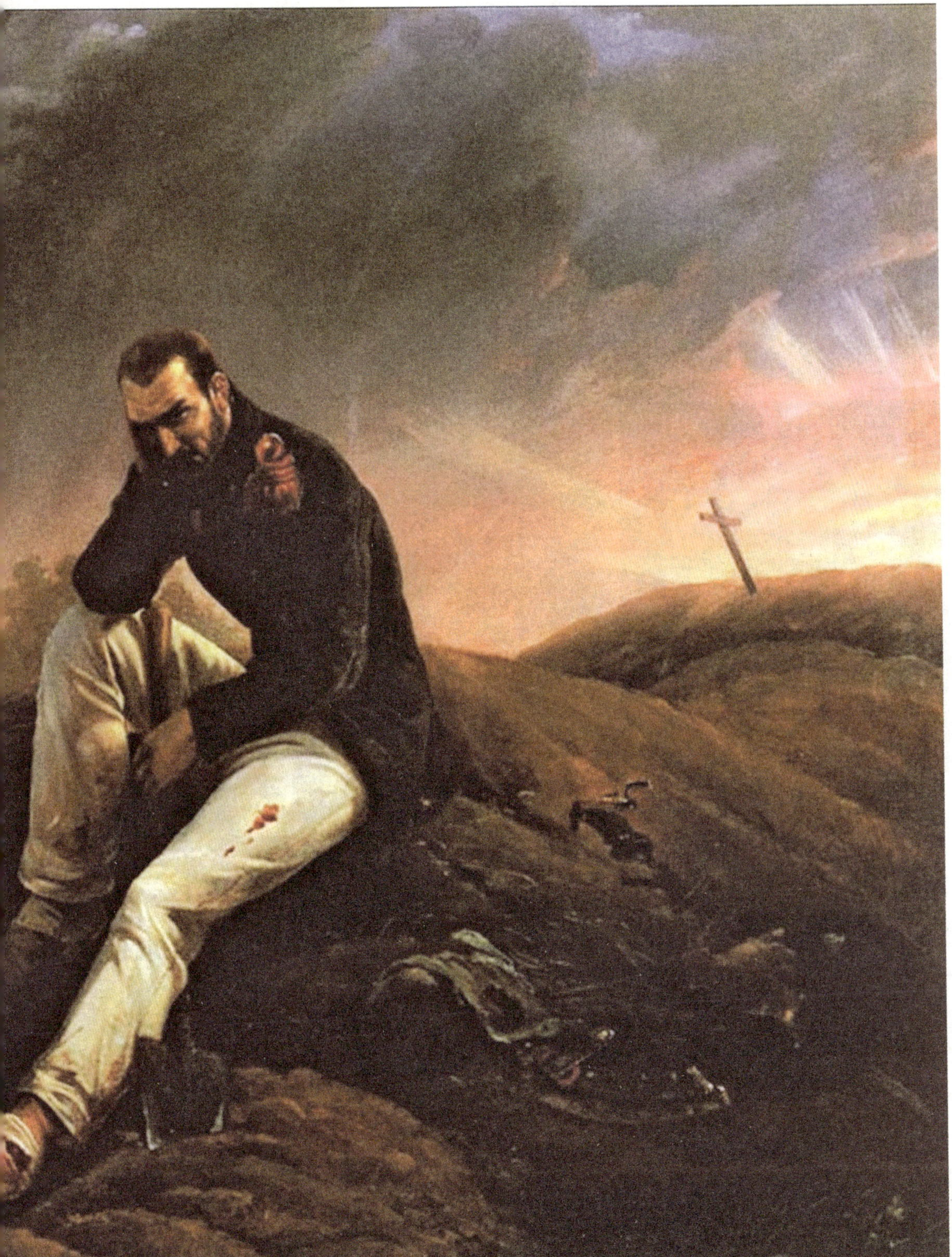

世界大战及以后的特种部队

- 75　廓尔喀军团
- 86　远程沙漠部队
- 98　英国特种空勤团
- 116　希特勒残暴的武装党卫队
- 134　英国秘密军队
- 142　美军研究观察团
- 152　三角洲特种部队

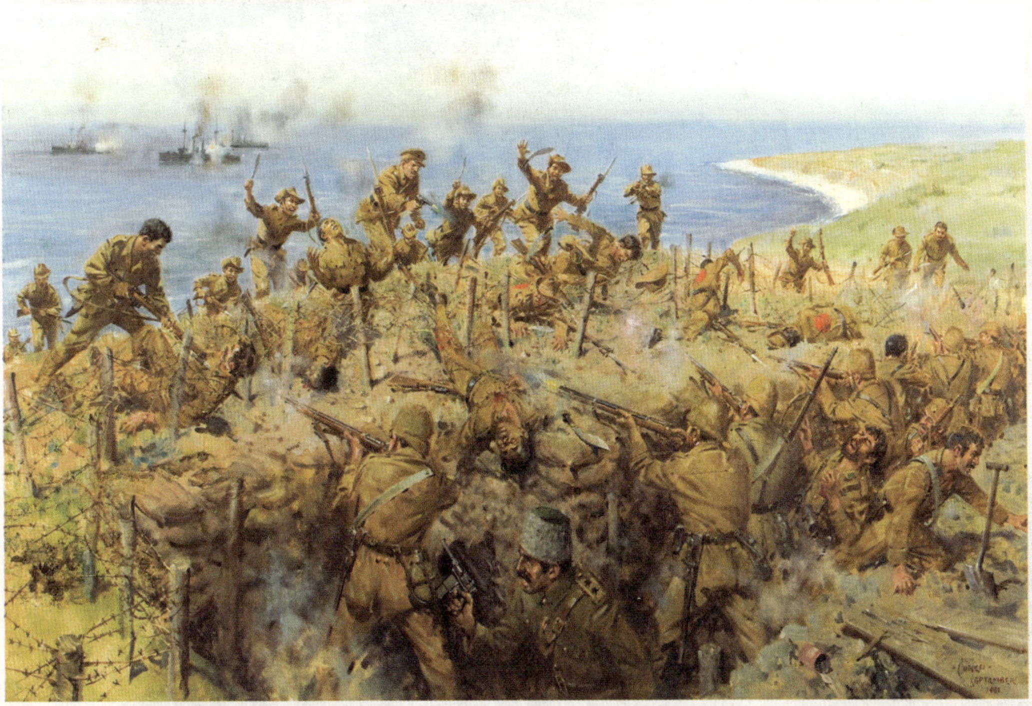

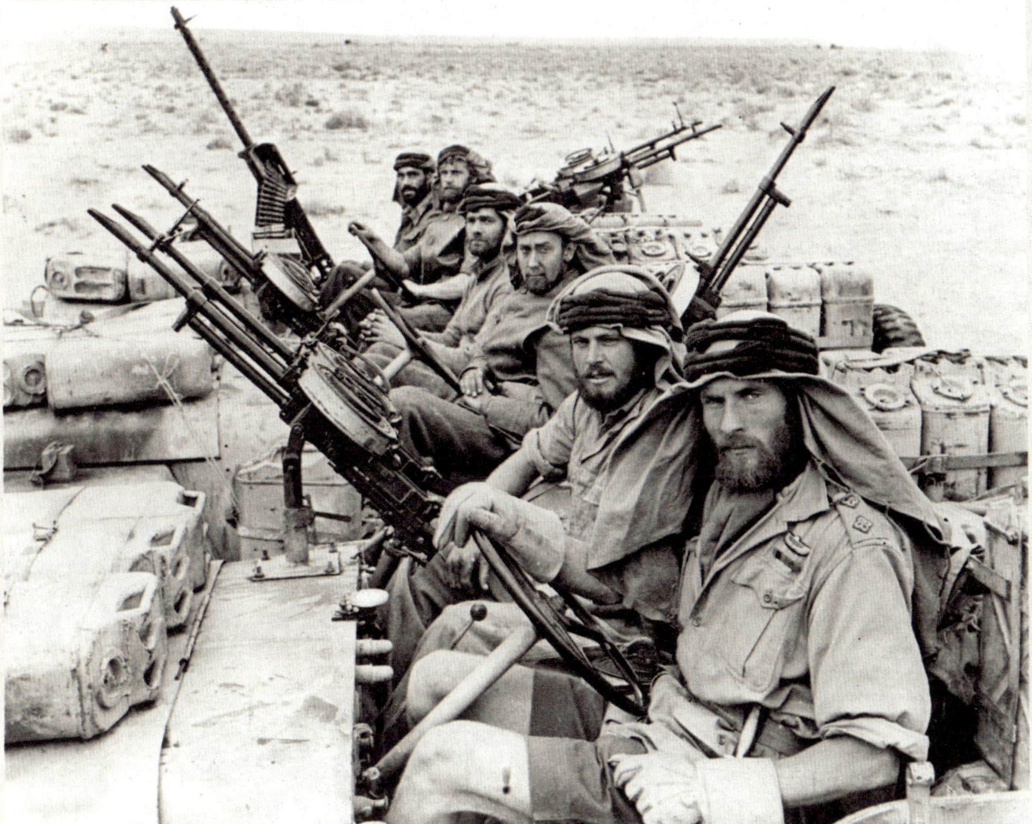

2004年，在喀布尔（Kabul）的一次训练演习中，一名廓尔喀士兵在站岗

廓尔喀军团

前线奋战 200 年

廓尔喀军团是两个世纪以来，英国一直能够召之即来，世界上最让人望而生畏的特种部队之一。

尽管在1814—1816年的英尼战争中，廓尔喀人与英国人最初是敌对关系，但这却是军事伙伴关系的开端。廓尔喀人与英国人并肩作战，在这段时间里，他们证明了廓尔喀军团是世界上最忠诚、最守纪律、最高效的军队之一，两个世纪以来他们对英国王室一直忠心耿耿。

2009年，廓尔喀军团及其退伍军人成为众人瞩目的焦点，这次事关廓尔喀退伍军人在英国定居的权利。在名人乔安娜·林莉（Joanna Lumley）的支持下，这场运动取得了胜利。6年后，尼泊尔发生灾难性地震，夺走了数千人的生命，让无数人无家可归，廓尔喀人的家庭和退伍军人面临一场更大的危机。廓尔喀福利信托基金和其他慈善组织为退伍老兵和他们的家人提供援助，但另一场地震的威胁再次笼罩着尼泊尔。

自1815年签署第一批新兵以来，从阿富汗的恶劣地形，到北非的沙漠，再到婆罗洲（Borneo）的丛林，廓尔喀军团一直服役至今（与英国和盟军部队并肩作战或单枪匹马）。无论是在加利波利（Gallipoli）海岸、卡西诺（Cassino）山坡还是在赫尔曼德（Helmand）省的残酷荒野，廓尔喀士兵所到之处，都给敌人留下了不可磨灭的印记。时至今日，他们仍然让全世界感到恐惧。

与其懦弱地活着，不如就此死去。

起源与帝国

1814 年，英国人与廓尔喀人首次会面时，他们是敌对关系而非盟友关系。

1814年10月31日，英国在卡隆加战役（the Battle of Kalunga）中正式结识廓尔喀人。这次战役对英国人来说并不是一段愉快的经历，躲在一个山丘堡垒中的650名尼泊尔士兵与大约4000名英印军队士兵僵持了近1个月，少将罗洛·吉莱斯皮（Rollo Gillespie）爵士阵亡。然而，这场冲突让双方相互敬佩，惺惺相惜，并持续至今。不到一年，英国人就招募了这些强悍的山地战士，尽管他们与尼泊尔人的战争一直持续到1816年3月。

尼泊尔和英国之间的战争不可避免。两国都在印度北部推行扩张主义政策。对于来自尼泊尔的威胁，英国人严阵以待，这一点从派遣兵力的规模上就可以看出。他们集结了3万多名士兵、1.2万名英属印度部队人员和60门大炮，2年时间攻下尼泊尔，最后与尼泊尔签署了《萨高利条约》。这为在东印度公司的私人军队中组建官方廓尔喀雇佣兵营队铺平了道路，但第一批雇佣兵实际上在前一年已被招募。

廓尔喀人完全符合英国推行"战斗民族"（被认为具有特殊战争天赋的部落和种族）的思想。英国先是征服了苏格兰高地，现在又将廓尔喀人纳入麾下，之后还会有锡克教徒的加入。然而，英国人并不认为整个尼泊尔都配得上这一殊荣。18世纪下半叶，普里特维·纳拉扬（Prithvi Narayan）统一尼泊尔，他将权力从廓尔喀向外扩张。统一后，尼泊尔继续向外扩张边界，先是引起了英国人的注意，后来英国人逐渐起了疑心。

当然，不同地区的族群仍保留着各自的特点，3个勇猛果敢的族群让英国人印象尤为深刻：古隆人（the Gurung）、马嘉族人（the Magars）和切特里人（the Chhetri），他们来自尼泊尔被称为"丘陵"的温带地区。古隆人和马嘉族人祖籍蒙古，而切特里人可以追溯到12世纪的印度移民。1816年4月，英国人组建了4个营并入东印度公司：西尔穆尔（Sirmoor）营、库玛翁（Kumaon）营和2个努塞里（Nusseree）营。他们驻扎在印度北部，他们也许没有想到其后代在200年后仍会效力于英国军队。

▲ 巴尔巴德拉·昆瓦尔（Balbhadra Kunwar）上尉在卡隆加战役中指挥廓尔喀军团

廓尔喀新兵

正如所料，进入这支世界精英部队绝非易事，每年都有成千上万的人被拒之门外。

曾参与卡隆加围攻的弗雷德里克·杨（Frederick Young）中尉接纳了首批廓尔喀新兵，但官方征兵始于1816年4个廓尔喀兵营的确立。最初，由于没有尼泊尔当局的合作，他们有时不得不将新兵偷运出尼泊尔。1885年，征兵仍未得人心，但征兵已经高度仪式化了，确保只有最优秀的人才能进入英国军队。

多克竞赛（the Doko Race）被认为是选拔过程中最具挑战的环节

门户开放政策

最初，征兵确实集中在被英国人认为所谓"战斗"部落的区域，但人们早已忽略了这种区域差异。现在，英国军队欢迎来自尼泊尔各地的申请者，并承诺招募过程"自由、公平、透明"。

初始阶段

招募过程始于4月开始的广告宣传。"桃红鹦鹉沃拉斯"（Galah wallas，现在被称为"高级招募助理"）在尼泊尔各地宣传，解释招聘流程。适龄（17岁半至21岁）、身高（至少158厘米）、体重（至少50千克）、胸围（至少79厘米）和教育程度（相等于5个中级普通中等教育证书），这些为必备条件。候选人填补的牙齿不能超过4颗，也不能缺牙。

▲ 1902年，1名军医在检查1名潜在新兵

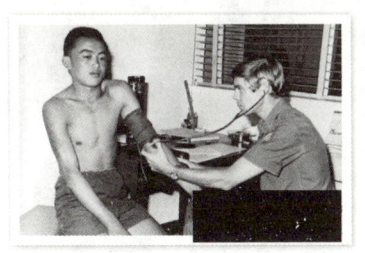

▲ 1名新兵在1973年的选拔过程中接受体检

区域选拔

在7月和9月，通过初始阶段的士兵进入区域选拔过程。这一阶段的选拔会在两个基地进行。这两个基地分别位于博卡拉（Pokhara）和达兰（Dharan）。在一整天的时间里，新兵要接受更加细致的体检，并接受尼泊尔和英国廓尔喀官的面试。每个基地的前250名新兵将进入最后阶段，这是每年从成千上万名申请者中选出的一小部分。

集中选拔

在博卡拉进行的为期三周的选拔过程被称为集中选拔。2014年，近8000名申请者在这一阶段只剩下500人。英国军队只提供了230个空缺名额。候选人必须在2分40秒内完成800米长跑，在9分40秒内跑完1.5英里，两分钟内完成至少70个仰卧起坐、12个标准的引体向上。

多克竞赛

集中选拔赛最后一项体能测试是5千米长跑，其中包括400米爬坡，时间限制为48分钟。最后一个环节要求新兵拖拉一个重达25千克的"多克"（一个用带子绕在前额拖拽的篮子）。许多新兵在完成比赛后就虚脱了，直到第二天他们才知道自己是否在规定时间内完成任务。

考试

除了身体测试，这些年轻人还必须证明他们的智力。他们需要快速理解和遵从英语指令，这至关重要。笔试几乎和多克竞赛一样令人生畏。他们必须就某一给定主题写一篇两页左右的文章。而理解测试则需要聆听1名英国军官的长篇演讲，然后展示对所讲内容的准确理解。

▲ 第9廓尔喀军团的1名士兵演示库克里弯刀（Kukri）的使用方法

77

1897年阿富汗战争中廓尔喀士兵沿着近乎垂直的悬崖下行

▶ 印度兵变期间，一支包括廓尔喀西尔穆尔营在内的部队，守卫着印度教教徒拉奥（Rao）府邸的残垣断壁

边防战士

驻军任务听起来可能枯燥乏味，但对廓尔喀军团来说却不是。

廓尔喀军团驻军印度北部，开启了与英国人并肩作战的历史。英国人将他们视为在这片崎岖地形中作战的最佳人选，这不足为奇。2支努塞里部队合并后，4个营变成了3个营。新的努塞里营驻扎在达兰萨拉（Dharamsala），西尔穆尔营驻扎在德拉敦（Dehra Dun），库玛翁营驻扎在阿尔莫拉（Almorah）。

1824年，廓尔喀军团在第一次正式交战中，350名西尔穆尔营士兵占领了库尼亚（Koonja）附近的一个叛乱分子据点。这次交战展示了廓尔喀军团的战斗能力（被称为"土匪"的叛乱分子作战勇猛），此外还展现了廓尔喀传统。当时，廓尔喀军团用了一个临时的撞锤攻入堡垒，皇家廓尔喀步枪团军官的腰带上还挂着一个银色的公羊头。

1826年，围攻布尔特伯雷（Bhurtpore）时，努塞里营和西尔穆尔营的200名士兵充当先锋，掩护在城墙下埋设大型地雷的士兵。1846年第一次盎格鲁-锡克战争中，努塞里营和西尔穆尔营在阿利瓦尔（Aliwal）和索布隆（Sobraon）战役中展开激烈对战，两支营队伤亡惨重。

1857年的印度兵变给了廓尔喀军团一个表现机会，他们不仅展示了战斗素质，而且还展示了他们的忠心耿耿。廓尔喀军团在德里郊区的印度教教徒拉奥的府邸进行了为期3个月的英勇保卫战，西尔穆尔营的650名士兵伤亡过半。这巩固了他们的声誉，他们后来还参与了重夺德里的行动。女王赐以权杖作为物质奖励，这仍然是今天皇家廓尔喀步枪团的骄傲。

廓尔喀军团在1839—1842年的第一次阿富汗战争中只扮演了次要角色，但在第二次（1878—1880年）阿富汗战争中却成为主力军。英国担心俄国可能会利用阿富汗打开印度的大门，所以对阿富汗和俄国之间表面上的和睦持怀疑态度，于是在1878年集结了一支军队来解决这个问题。廓尔喀现有5个团，是整支军队的一部分，他们在佩瓦尔-科塔尔（Peiwar Kotal）、喀布尔和坎大哈（Kandahar）战役中表现出色。接下来他们参与了更多的战斗，如1888年的黑山战役和1897—1898年的提拉（Tirah）战役。对廓尔喀军团来说，这是一个动荡的时期，但未来会更加动荡不安。

第一次世界大战：1914—1918

从战壕到沙漠，廓尔喀军团在第一次世界大战中饱经沧桑。

最初，廓尔喀军团总共有10个团（2个营为1个团，每个团都被称为"廓尔喀步枪团"），第一次世界大战爆发后，他们的人数急剧增加，总共有90780人在不同地方作战，超过6000人丧生。

现有的20个营中，有6个营作为印度军团的一部分被派往欧洲，其中第8廓尔喀步枪团第2营于1914年10月29日首次在前线作战。虽然廓尔喀士兵更适应本土环境，但他们还是尽可能地适应了欧洲战争中截然不同的战事经历。他们损失惨重，仅仅在投入战斗1天后，第8团第2营的伤亡就超过了200人。

1915年4月，在伊恩·汉密尔顿（Ian Hamilton）将军的特别要求下，另外3个廓尔喀营在加利波利战役中发挥了作用。廓尔喀营在这场孤注一掷的战斗中损失惨重，第10团第2营在残酷的7周内伤亡40%，令人震惊。

在美索不达米亚（现伊拉克），第7廓尔喀步枪团第2营隶属乔治·F.戈林格（George F Gorringe）少将指挥的第12师。1915年6月至7月，在幼发拉底河沿岸的一次行动以及随后攻打土耳其纳西里亚（Nasiriya）阵地的战斗中，第7团第2营损兵近半。恶疾加上恶劣气候，导致大量人员伤亡，防守的土耳其士兵也遭受了同样的损失。1916年9月29日，第7团第2营在向伊拉克首都巴格达推进途中，被土耳其人俘获，显然这次进攻有欠考虑。

随后，5个廓尔喀营在弗雷德里克·莫德（Frederick Maude）将军占领巴格达的行动中发挥了作用。1917年3月，一支165000人的军队将土耳其人赶出库特（Kut），然后继续进军，占领了巴格达。大批廓尔喀士兵参与了巴勒斯坦战役，埃德蒙·艾伦比（Edmund Allenby）将军率领的军队中就有6个廓尔喀营。

▲ 第一次世界大战期间，廓尔喀士兵在法国磨砺他们的库克里弯刀

▲ 1915年，弗兰德斯战壕中的第9团第1营廓尔喀士兵

▲ 第6团第1营廓尔喀部队在萨里拜尔战役（the Battle of Sari Bair）中攻打土耳其阵地

▲ 这张照片摄于"二战"期间,再现了第9团廓尔喀士兵在北非手持库克里弯刀前进的场景

第二次世界大战中的廓尔喀士兵

1939年,随着全世界再度陷入战争,廓尔喀士兵的数量再次急剧增长。

第二次世界大战不断升级,英国在各个战区征召了越来越多的廓尔喀士兵。整个战争期间,现有军团不断扩充兵力。

廓尔喀军团主要在北非、中东、意大利和缅甸作战。在所有地区,廓尔喀人坚韧勇敢,声望再次得到提高。他们获得了2000多枚英勇勋章,包括12枚维多利亚十字勋章,仅在1944年就获得了至少8枚十字勋章。

廓尔喀士兵命运多舛。在北非,廓尔喀军团与隆美尔(Rommel)的非洲军团展开了一场鏖战,德军进攻托布鲁克(Tobruk)时俘虏了2个廓尔喀营。在意大利,廓尔喀军团参加了一场激烈的战斗,企图占领德国人控制的卡西诺修道院,但是他们凶多吉少。在马来半岛,日本人俘虏了3个廓尔喀营。

当然,也有胜利之战。廓尔喀部队参与了英军对隆美尔的进攻,大获全胜;日军向仰光推进时,5个廓尔喀营助力保卫了锡唐河(Sittang River)上的重要桥梁;廓尔喀军团在缅甸的钦迪特(Chindit)行动中也是功不可没。

值得一提的是,尼泊尔在这一过程中通力合作。为满足英国的要求,尼泊尔军队暂停了招募工作,约有13.8万廓尔喀士兵在战争中服役,超过7500人丧生,还有1441人失踪(估计已经死亡)。

▲ 大概在1943年，1名廓尔喀士兵在缅甸钦山（Chin Hills）构筑散兵坑

▲ 廓尔喀第10团士兵在英帕尔（Imphal）附近战斗时，在一个被称为"崎岖之山"的山丘上清理壕沟

拉尔巴哈杜尔·塔帕（Lalbahadur Thapa）中尉
北非

1942年4月，英军进攻瓦迪阿卡利特（Wadi Akarit），弗朗西斯·图克（Francis Tuker）少将率领1个师，在廓尔喀部队的带领下爬上了一座被称为法特纳萨高地（the Fatnassa Massif）的山峰。来自廓尔喀第2团第1营D连的拉尔巴哈杜尔·塔帕中尉，单枪匹马端掉了德军的一个机枪阵地，然后手持库克里弯刀攻击了第二个阵地，为图克的部队撕开了敌人的阵营，并因此荣获维多利亚十字勋章。

第48旅
东南亚

1942年，日军挺进缅甸之前，英军就撤退了，但由于日军试图切断他们的退路，整个部队有被俘的危险。英军向印度撤退时，第48旅（当时全部为廓尔喀军团）组成了后卫军。尽管在早期的战斗中兵力骤减（750人的廓尔喀第3团第1营损兵500余人），但是廓尔喀军团仍将日军困在海湾，因此遭受重创的英军得以脱身，抵达安全地带。

廓尔喀第9团第1营
地中海地区

在1944年3月的卡西诺激战中，廓尔喀第9团第1营隶属印度第4师，负责夺取德军控制的卡西诺山修道院下面的一处高地。这个阵地被称为"刽子手之丘"。尽管遭到德军的持续炮火袭击，但廓尔喀军团还是夺下阵地并坚守了9天。他们英勇无畏，但还是没能攻下卡西诺山，廓尔喀军团被迫从他们得之不易的阵地上撤退。

步枪兵谢尔·巴哈杜尔·塔帕（Sher Bahadur Thapa）
地中海地区

勇气可以通过多种方式表现出来，1944年9月，廓尔喀第9团第1营步枪兵谢尔·巴哈杜尔·塔帕证明了这一点。在发现1名受伤的廓尔喀士兵后，塔帕冒着敌人的炮火冲了出去，扶起倒下的战友，将他送回安全地带。塔帕冲向德军的机枪哨所，将其端掉，但当他试图营救第二个倒下的战友时，他就没那么幸运了，机枪的一阵疯狂扫射夺去了他的性命。在他死后的第二年，他的家人收到了维多利亚十字勋章。

步枪兵图尔巴哈杜尔·潘（Tulbahadur Pun）
东南亚地区

除了集体战绩之外，第二次钦迪特行动中还出现了许多个人英勇的事例。1944年6月，在袭击孟拱（Mogaung）的一座铁路桥中，步枪兵图尔巴哈杜尔·潘荣获维多利亚十字勋章。他发现自己是部队中唯一没有受伤的成员后，拿起一把布伦枪，向一处被称为"红屋"的日军主要阵地发起进攻。最终他占领了这个阵地，当同排其他战友向前推进时，他继续提供火力支援。

内特拉巴哈杜尔·塔帕（Netrabahadur Thapa）中尉
东南亚地区

1944年6月的莫塔布拉夫（Mortar Bluff）保卫战也许以失败收场，但它作为廓尔喀人最辉煌的时刻之一而被永远铭记。内特拉巴哈杜尔·塔帕中尉指挥1支小型防御部队抵抗日军的进攻，在得到新的弹药和手榴弹补给后，与日军展开战斗。内特拉巴哈杜尔·塔帕在反击中丧生，阵地被日军占领，但他的勇敢精神（第二天发现他仍然手握库克里弯刀）为他死后赢得了维多利亚十字勋章。

步枪兵巴奴巴克塔·古隆（Bhanbhagta Gurung）
东南亚地区

1945年3月，在缅甸的战斗中，步枪兵巴格塔·古隆证明了自己可以是一支单兵部队。古隆沉着冷静，击毙1名日军狙击手后，单枪匹马攻击了5个日军阵地，包括4个散兵坑和1个机枪岗。他使用步枪、刺刀、手榴弹和库克里弯刀，帮助他的部队获得了一个至关重要的据点。

▲ 库克里弯刀刀刃上独特的缺口被称为"库拉"，是一种宗教象征

库克里弯刀

库克里弯刀是廓尔喀士兵的标志性军刀，敌我双方均能一眼认出。

与日本武士刀和美国鲍伊刀一样有名，库克里弯刀有着悠久的传统，可以追溯到几百年前。有许多关于库克里弯刀起源的说法，其中之一认为它是从13世纪马拉斯（Mallas）人使用的刀演变而来的。更富有想象力的说法是，它与亚历山大大帝骑兵弯曲的刀刃有渊源。但更准确的说法是，至少从1627年起，尼泊尔的"卡米"铁匠家族就开始制作目前这种样式的军刀了。

弯曲的刀刃在14至16英寸之间（更长的版本适用于仪式），由钢制成，而刀柄可以是骨头、木头，有时也可以是金属。它既可以用来砍杀，也可以用来刺杀。它尺寸短小，是绝佳的近战军刀。

对于这种军刀短而宽的设计，有一种说法认为，在尼泊尔山区的陡峭山坡上，再长一些的器物就无法驾驭，库克里弯刀一直用作实用工具和武器的事实更说明了这一点。

1814年英军遇到的尼泊尔战士就使用这种与众不同、令人生畏的武器。而这种武器已经成为廓尔喀士兵的代名词，十字交叉的库克里弯刀是廓尔喀现有军团团徽的一部分。

尼泊尔的男孩从小就习惯使用库克里弯刀，正是这种对刀的熟悉让廓尔喀人对它们运用自如。有个说法是，库克里弯刀出鞘必须见血。当然这只是一个传说，但一些部落确实认为，即使只是用来切蔬菜，拔出库克里弯刀而弃之不用也是对刀的不敬。

现代廓尔喀军团

皇家廓尔喀步枪团（RGR）

兵力：1261人

这个军团由两个营组成，即1个驻扎在英国的"轻兵"营和1个驻扎在文莱的"丛林兵"营，兵力正好是廓尔喀旅的一半。他们的主要营房位于肖恩克里夫（Shorncliffe）。这个军团在7月1日庆祝自己的生日。

女王廓尔喀工程师团（QGE）

兵力：295人

第69廓尔喀野战中队和第70廓尔喀野战中队由一个团部领导，组成了女王廓尔喀工程师团，隶属于第36工兵团。这支军队的历史可以追溯到1948年第一支廓尔喀工兵部队的建立。该团驻扎在梅德斯通（Maidstone）。

女王廓尔喀后勤团（QOGLR）

兵力：439人

皇家后勤团为战斗部队提供物资。在这个军团中，女王第10廓尔喀后勤团被认为是一支特种部队，包括第1中队、第28中队和第36总部中队。该团驻扎在奥尔德肖特（Aldershot）。

女王廓尔喀通信团（QGS）

兵力：484人

女王廓尔喀通信团隶属皇家通信兵团，是一个战斗后援部队，由3个中队组成。虽然在尼泊尔、文莱和萨里郡（Surrey）坎伯利（Camberley）的桑赫斯特（Sandhurst）皇家军事学院也有驻军，但是他们的主要兵营在努尼顿（Nuneaton）。

廓尔喀军团乐队

兵力：45人

该乐队最初成立于1859年，隶属廓尔喀军团而不是陆军军乐团。1947年印度独立后，所有乐队成员都选择留在印度军团，因此廓尔喀军团乐队需要寻找新乐师。该部队在1949年成功改制。基地位于肖恩克里夫。

廓尔喀职员后备连（GSPS）

兵力：93人

这个连队成立于2011年6月（在此之前被称为廓尔喀文员连），为廓尔喀军团各部门提供服务，包括会计、信息技术支持、人力资源和职员后备，以及商业管理。

远程沙漠部队

在北非的荒原上，英国远程沙漠部队与一支初出茅庐的特种部队一同抗击轴心国部队。

谁也不会料到拉尔夫·巴格诺尔德（Ralph Bagnold）竟然是一名特种部队指挥官。他参加了第一次世界大战，当时他是一名初级信号官，在血流成河的战争中幸存下来。1939年9月，第二次世界大战爆发时，43岁的巴格诺尔德已是一名作家和科学家，过着舒服惬意的生活。

退役4年后，巴格诺尔德少校被召回军队，出任东非信号部队（East Africa Signals）的指挥官，乘坐运兵船前往肯尼亚赴任。但他永远无法抵达肯尼亚。11月初，巴格诺尔德乘坐的皇家邮轮弗兰克尼亚号（RMS Franconia）在地中海与一艘商船相撞。他和他的部队换乘另一艘船，驶向埃及塞得港（Port Said），在那里等待最早一班前往肯尼亚的运兵船。

巴格诺尔德很高兴。他相当熟悉埃及，事实上，他比任何一个英国人都要了解这个国家。20世纪20年代的大部分时间，他都和他的部队在那里度过。埃及文化以及向西延伸到利比亚的

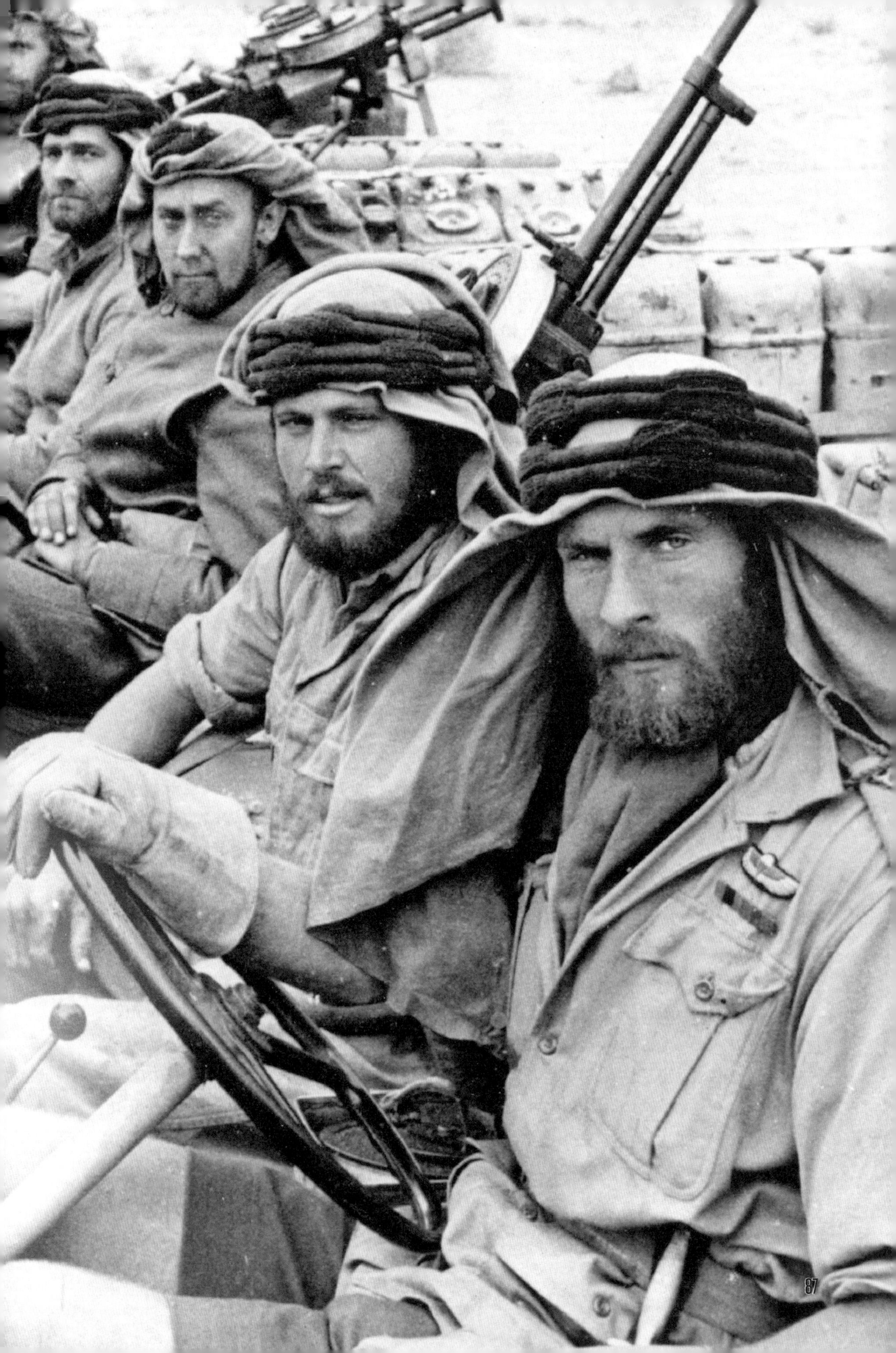

广袤沙漠让他着迷。1927年,他率领一小队探险家,乘坐福特T型车首次踏上利比亚沙漠。后来,他们还进行了多次探险,逐步深入残酷的沙漠腹地。与喜爱探险一样,巴格诺尔德对科学也非常痴迷。他开始研究沙漠地形,并于1939年出版了广受好评的《风沙和荒漠沙丘物理学》(The Physics of Blown Sand and Desert Dunes)一书。

回到埃及后,巴格诺尔德从塞得港乘火车前往开罗看望老友。他与这位老友在谢菲尔德高档酒店共进晚餐,被《埃及公报》"漫谈"专栏作家逮个正着。几天后,巴格诺尔德回到城里的消息就传开了。数日之后,他被传唤到中东司令部总司令阿奇博尔德·韦维尔(Archibald Wavell)将军的办公室。

韦维尔向巴格诺尔德询问进入利比亚沙漠的信息。意大利集结了15个师共25万人,由鲁道福·格拉齐亚尼(Rodolfo Graziani)元帅亲自挂帅,韦维尔将军对此忧心忡忡。巴格诺尔德的回答令韦维尔印象非常深刻。于是韦维尔安排调任他常驻北非。

巴格诺尔德的想法变为现实

巴格诺尔德被派往开罗西部135英里的梅尔萨马特鲁(Mersa Matruh)。在那里,他发现英国军队拥有的最新版利比亚地图可以追溯到1915年。同样令他感到震惊的是高级军官对意大利人构成的威胁无动于衷。他们认为敌军会对梅尔萨马特鲁发动正面进攻,但可以轻松将其击退;巴格诺尔德却推测这群意大利人将从更靠南的方位向英国在埃及的据点发动突袭。20世纪20年代,巴格诺尔德在沙漠探险中,与这群意大利人中的一些人遭遇过。

巴格诺尔德建议组建一支小型侦察部队,在与利比亚接壤的700英里的边境巡逻,但这个想法未被采纳。1940年1月,他再次提交这个方案,同样遭到拒绝。次月,巴格诺尔德被派往土耳其担任军事顾问,这种安排或许是为了让开罗的中东司令部获得些许安宁。

但巴格诺尔德就是不肯放弃。1940年6月10日,意大利对英国宣战后,他第三次试图说服高级官员相信他的想法极有价值。他额外用了一段文字对计划组建的三支巡逻队做了如下解释:"每辆车上3个人,配有1挺机关枪,装载3周的食物和淡水物资以及足够在柔软的沙漠表面行驶2500英里的汽油……每支巡逻队携带1台无线电、导航设备、医疗用品、备件以及附加工具。"

这次,巴格诺尔德委托他的朋友陆军准将迪克·贝克(Dick Baker)务必将这份提案直接交给韦维尔。贝克言出必行,韦维尔将军收到巴格诺尔德的提案不到4天,就授权巴格诺尔德组建新部队,并且暂时将其命名为远程巡逻队。

然而,韦维尔极为苛刻,他只给巴格诺尔德6个星期去组建远程巡逻队。人员、装备、口粮、武器、车辆……这是一个巨大的挑战,但是巴格诺尔德临危不乱,从容应对。首先,他四处寻找士兵。他找到了之前一同探险的众多老友,只有一两个人无法从军事任务中脱身。不久,比尔·肯尼迪-肖(Bill Kennedy-Shaw)和帕特·克莱顿(Pat Clayton)在开罗加入了巴格诺尔德的队伍;截至1940年,两人已经在埃及测量局积累了近20年的经验。巴格诺尔德还招募了泰迪·米特福德(Teddy Mitford)上尉,他是米特福德六姐妹的亲戚,也是20世纪30年代末期著名的沙漠探险家。

当克莱顿、米特福德和肯尼迪-肖开始寻找必要的装备时,巴格诺尔德于1940年6月29日

▲ 在炎热的沙漠，远程沙漠部队必须穿着衣服才能凉快点

乘坐飞机前往巴勒斯坦拜见澳大利亚军团的指挥官——托马斯·布莱米（Thomas Blamey）中将。巴格诺尔德请求获准招募80名澳大利亚士兵。他解释说，在他看来，澳大利亚人将是最有可能最快适应沙漠侦察任务的盟军。布莱米奉政府之命，拒绝了巴格诺尔德的请求，于是巴格诺尔德转而求助于驻扎在埃及的新西兰军队。

这次他没有碰壁。新西兰师属骑兵团和机枪营共有80名军官、士官和士兵毫不犹豫地志愿加入远程巡逻队。巴格诺尔德立刻对新西兰人青眼相加，他评价道："在英国人看来，他们令人钦佩、让人感动。他们坚忍不拔、饱经风霜，有着牧羊人般强壮的身体。他们中有技术人员、庄园主、专业人士和毛利人。他们精明能干，喜欢冷幽默，对一切新事物充满好奇。"

整个7月，士兵们一直在准备任务所需的车辆和装备，并对新西兰人进行沙漠车辆驾驶和操作的基本知识培训。肯尼迪-肖担任远程巡逻队的情报官。他告诉新西兰人利比亚沙漠长1200英里，宽1000英里，换句话说，大致相当于印度的面积。

广袤的利比亚沙漠东临尼罗河，北临地中

与巴格诺尔德并肩战斗

1941年1月，巴格诺尔德首次招募8人加入新组建的义勇骑兵队（"Y"巡逻队），并给他们起了一个绰号——巴格诺尔德的"宠儿们"。

因为身高6英尺5英寸，一等兵斯图尔特·卡尔（Stuart Carr）绰号为"高峰"。他来自驻巴勒斯坦的斯塔福德郡义勇骑兵队（the Staffordshire Yeomanry），于1941年1月加入远程沙漠部队。因为他百里挑一的定向技巧，巴格诺尔德招募了他，20岁的卡尔成为远程沙漠部队顶尖的领航员之一。

巴格诺尔德斯身为高级军官，年纪和卡尔的父亲相仿，但是20岁的卡尔却和他一见如故。

如今，卡尔已经94岁了，是当初"Y"巡逻队唯一的幸存者。卡尔回忆道："我和巴格诺尔德之间的关系非常自然，我们相处融洽。他喜欢我的年轻气盛。有一次我们在讨论导航是艺术还是科学时，我说这是一门科学地寻找方向的艺术。他喜欢我的回答。"

卡尔和巴格诺尔德一样，在西方国家长大，天生擅长导航，很快就成为远程沙漠部队三位首席领航员之一。1941年初夏，他经常开车把巴格诺尔德从开罗送到哈里杰绿洲城（the town of Kharga）。在这里，巴格诺尔德与当地首领接连召开会议，从中获取有关敌军动向的情报。

"我和巴格诺尔德常常陷入沉思。"卡尔说道，"他告诉我，面对问题时，要丢掉前三个解决方案，再去开始思考解决方法。因为敌人总能料到你的前三个方案，却无法料到你之后绞尽脑汁想出来的办法。"

卡尔将巴格诺尔德描述成一个神秘主义者。巴格诺尔德曾经教过他，在沙漠中用沙子洗澡比用水洗澡更有效，因为沙子可以更好地去除皮肤上的油脂。

海。与北部砂岩相比，南部是石灰岩地貌，沙漠一直向南延伸到提贝斯提山脉（the Tibesti Mountains），向西则至突尼斯和阿尔及利亚的政治性边界。

远程巡逻队证明自己的价值

1940年8月的第1周，远程巡逻队已经做好第一次巡逻的准备。44岁的帕特·克莱顿上尉有幸带队执行任务。他和他精挑细选的7人小队乘坐两辆雪佛兰卡车离开了开罗。他们越过边境进入利比亚，继续驱车前往锡瓦绿洲（Siwa Oasis）。公元前332年，亚历山大大帝曾率军前往此地。克莱顿在随后的报告中写道："巡逻小队的两辆卡车向着正西方一路前进，不断探索。我们在埃及和利比亚的边界与贾卢-库夫拉公路（the Jalo-Kufra）之间，发现了一大片狭长的沙海。穿过边界的时候，雪佛兰卡车的离合踏板已经开始有点发臭了。夜晚时分，我们抵达贾卢-库夫拉公路附近。"

他们在这里停留了3天，小心翼翼地隐藏自己的行踪，因为意大利人发现了他们的活动迹象。8月19日，他们回到了开罗。历时13天，他们在荒无人烟的沙漠中行驶了1600英里。

克莱顿和巴格诺尔德将他们的发现向韦维尔将军做了汇报，听了他们的首次巡逻报告后，韦维尔将军当即决定给予远程沙漠部队最强有力的支持。一周后，韦维尔将军视察远程巡逻队，并告诉他们：他通知了作战部门"远程巡逻队已经做好了出征准备"。

巴格诺尔德将远程巡逻队分成三支巡逻队，每支队伍冠以一个没有特殊含义的字母。泰迪·米特福德上尉负责指挥"W"巡逻队，帕特·克莱顿上尉和布鲁斯·巴兰坦（Bruce Ballantyne，新西兰人）上尉负责"T"巡逻队，

远程巡逻队的装备

巴格诺尔德只有 6 个星期去组建远程巡逻队,他集结了一支车队,另外还有地图、给养、指南针、武器和无线电。

▲ 1名远程巡逻队队员在跟踪自己的方位

经纬仪
1940 年 6 月,巴格诺尔德从开罗测量局获得经纬仪。白天穿越沙漠时,远程巡逻队的领航员会记录下方位和里程。黄昏时分,巡逻队停下来过夜时,领航员会用经纬仪快速拍下星星的照片以确认方位。

雪佛兰汽车
巴格诺尔德选择了 30 英担[1]的雪佛兰作为远程巡逻队的车辆,用他的话来说,雪佛兰汽车"速度快,造型简洁,易于操作"。1940 年 7 月,埃及政府借给他 19 辆雪佛兰汽车。与此同时,亚历山大(埃及北部港口城市)的通用汽车公司又向他提供了 14 辆汽车。这张照片里的雪佛兰是一辆无线电卡车(棒状天线在右侧),后方枪手架起一把博斯反坦克步枪,前方枪手举起刘易斯轻机枪。"高峰"卡尔回忆道:"雪佛兰汽车无与伦比、经久耐用。为我们量身定做的收缩底盘有助于翻越岩石之类的障碍物。"

① 1 英担 ≈ 50 千克。——译者注

维克斯 K 型机枪
最初为英国皇家空军设计的气动式维克斯 K 型机枪,每分钟可发射 1200 发口径为 0.303 的子弹。当开始被勃朗宁机枪淘汰和取代时,维克斯机枪被配给英国陆军部队,成为远程巡逻队和后来的特种空勤团的最爱。他们使用单管及双管机枪火力装置。

水冷凝器
20 世纪 20 年代,巴格诺尔德发现,水箱沸腾时水会从溢流管溢出流失。为了解决这个问题,他将溢出的水引入汽车侧面一个装有半罐水的罐子中,使其在罐子中冷凝。这样,驾驶员只要等上一两分钟,沸腾喷出的水经冷却后又可以回到水箱了。

▲ 事实证明,维克斯K型机枪的低摩擦闭锁设计可以防止沙尘堵塞

▲ 远程沙漠部队拆卸了车上所有非必要零件，包括挡风玻璃、车门和车顶等

唐·斯蒂尔[Don Steele，来自新西兰塔卡普纳（Takapu）的农民]上尉负责"R"巡逻队。每支巡逻队有25名队员，配有10辆30英担重的雪佛兰卡车和1辆15英担重的轻型领航车。他们携带足够行驶1500英里的给养和装备。每支巡逻队都拥有一架37毫米博福斯反坦克炮、4把博斯反坦克步枪和15挺刘易斯机关枪。

接下来的2个月，远程巡逻队对利比亚中部大片区域进行了侦察。在寻找意大利军队行动迹象时，他们常常要忍受白天超过摄氏49度的高温。

9月19日，米特福德的巡逻队遭遇了两辆6吨重的意大利军队卡车。意大利军队向他们开火，这让贵族出身的米特福德在战斗中为远程巡逻队洒下鲜血。事实上，这算不上一场战斗。在

> 事实上，这算不上一场战斗。在这么偏远的西部地区遭遇敌军，意大利军队感到震惊，很快就举旗投降了。

每支巡逻队都配有医务兵、领航员、无线电通信员、机械师，卡车上的每个人都各司其职

这么偏远的西部地区遭遇敌军，意大利军队感到震惊，很快就举旗投降了。他们将囚犯，连同2500加仑①汽油和一包官方信件，一起带回了开罗。

韦维尔将军欣喜不已，不仅仅是因为带回的信件中包含诸多重要情报，也是因为远程巡逻队在1940年整个秋天的出色表现。巴格诺尔德趁热打铁，借着表彰的机会请求韦维尔将军扩大远程巡逻队的规模，他表示有了更多人手，他就能在利比亚境内广泛开展游击战，让意大利军队闻风丧胆。11月22日，巴格诺尔德升职为代理中校，获准新建两个巡逻队，并将远程巡逻队重组为远程沙漠部队。

至于新兵，巴格诺尔德将目光转向英国陆军、英国皇家卫队和义勇骑兵师团。截至12月末，他成功组建了"G（皇家卫队）"巡逻队，指挥官是米歇尔·克莱顿-斯图尔特（Michael Crichton-Stuart）上尉。该巡逻队由来自冷溪近卫团第3营和苏格兰近卫团第2营的36名士兵组成。数月后，"Y"巡逻队也成功完成组建，成员主要包括约克郡胡萨尔（Hussars）轻骑兵、北萨默塞特义勇骑兵队（the North Somerset Yeomanry），以及斯塔福德郡义勇骑兵队。然而，"G"巡逻队首次任务的指挥官是帕特·克莱顿，他的"T"巡逻队则负责策应。

大获成功的首秀

远程沙漠部队的目标是位于利比亚西南部穆尔祖克（Murzuk）的一处意大利要塞。这个依偎在棕榈树林中的要塞，固若金汤，防卫森严，附近还有一个机场。要塞距离开罗西直线距离大约1000英里。到达那里需要两个星期的艰苦旅程。76名突击队员搭乘23辆汽车前往要塞，其中包括9名"自由法国"人。他们临时加入行动是为了换取他们在乍得基地的额外补给。

1941年1月11日，突击队在距穆尔祖克几英里的地方停下来吃午饭，并最终确定了突击方案：克莱顿的"T"巡逻队袭击要塞附近的机场，"G"巡逻队的攻击目标则为要塞驻军。克莱顿回忆说，他们接近要塞时，有一个人骑着自行车经过。"这个人竟是邮政局局长，我们将他连人带车拉入了队伍。车队一步一步靠近要塞，意大利国旗在要塞主塔上空随风飘扬，这时守卫出现了。我们为他们深感遗憾，因为他们可能永远不知道是谁袭击了他们。"

距离要塞大门150码时，远程沙漠部队与敌人交火，并分散开来，克莱顿巡逻队的6辆卡车直奔机场而去。地势高低起伏，远程沙漠部队利用这种地形摧毁了散落在四周的碉堡，其中包括一个防空壕。

克莱顿一马当先，绕过一个飞机库，转过拐角，直接闯入了一个隐蔽的机枪阵地。那名"自由法国"军官阵亡，不过所幸克莱顿很快便摧毁了敌人的阵地。撤离时，"T"巡逻队摧毁了3架轻型轰炸机、1个大型燃料库，所有20名守卫或被击毙或被俘虏。

与此同时，"G"巡逻队用迫击炮猛烈轰击要塞，短暂交火之后，要塞守军缴械投降。克莱顿挑选两个俘虏带回开罗审问，其余的俘虏则留在要塞废墟中等待救援。一旦发现要塞通信中断，他们的援军就会立刻赶来。

纳粹步步紧逼

1940—1941年冬，盟军在利比亚全境推进，阿道夫·希特勒派出埃尔温·隆美尔将军和德意志"非洲军团"前去增援意大利。希特勒本

---

① 1加仑≈3.785升。——编者注

无意卷入北非战场，但德国海军总司令、海军上将埃里希·雷德尔（Erich Raeder）却警告说，如果英国继续对地中海地区实行铁腕统治，将严重危及纳粹德国征服东欧的计划。

隆美尔没费太多时间就击退了英国人。1941年4月2日，隆美尔向敌人发起进攻，最终将他们赶出利比亚，退回埃及，回到他们1940年所在的地方。英国人在利比亚只保住了寥寥几个据点，分别位于托布鲁克（Tobruk）港口和库夫拉绿洲南部500英里处。4月9日，巴格诺尔德和大部分远程沙漠部队被派驻库夫拉。一个夏天的碌碌无为，让平时待人平和的巴格诺尔德变得脾气暴躁。他也开始感受到指挥带来的压力。难以忍耐的高温和在开罗与库夫拉之间的反复奔波让他心力交瘁，于是1941年8月1日，他将远程沙漠部队的指挥权移交给盖伊·普伦德加斯特（Guy Prendergast）中校。

普伦德加斯特曾在20世纪20年代同巴格诺尔德一起探索利比亚沙漠，但一直留任英国皇家坦克团。普伦德加斯特为人严厉、干脆利落、一丝不苟，他将情绪很好地隐藏在冷酷的外表之下，就像他总是带着一副圆框墨镜让人无法看到他的双眼一样。不容低估的是，他具有创新精神，思想开明，是一名绝对出色的管理者。

作为远程沙漠部队的新任指挥官，他面临的首个挑战就是要组织五次侦察巡逻行动，为1941年11月18日新的大型盟军战役（代号"十字军行动"）做好准备。此次战役是为了夺回利比亚东部和该地区的机场，以便英国皇家空军能够增加对马耳他的补给。此次战役由克劳

▲ 远程沙漠部队组建时，可用的利比亚沙漠地图有限，因此他们需要自己绘制地图

德·奥金莱克（Claude Auchinleck）将军一手策划。

与特种空勤团联合作战

远程沙漠部队的职责是报告敌军动向，提醒奥金克将军隆美尔对进攻可能做出的反应。但是他们还有一项额外任务：突袭加扎拉（Gazala）和特米米（Tmimi）的敌军机场后，搜救55名英国空降兵。

大卫·斯特林是一位富有魅力的年轻军官。4个月前，他组建了一支小型作战部队，将其命名为"特种空勤旅L特遣队"。斯特林说服英军中东司令部可以利用空降部队小分队对敌军实施攻击，因为敌军在沿海地区的通信网、机场和军需供应站的守备相对薄弱。1941年11月17日晚，斯特林和他的手下空降利比亚。一名战地记者说，空降当天他们遇上了"当地史上最猛烈的雷暴"。许多突击队员在着陆时受伤，还有些人在落地几小时后被敌军俘获。最终，远程沙漠部队营救了21名饱受雷暴蹂躏的幸存者并将他们送往安全地带，万念俱灰的斯特林也在其中。毫无疑问，他对初出茅庐的特种空勤团的前途忧心忡忡。

普伦德加斯特中校一手拯救了特种空勤团。1941年11月底，他接到英军中东司令部的命令，指示远程沙漠部队对轴心国机场发动一系列突袭，以配合第8军的第二次进攻。他表示："由于远程沙漠部队没有受过爆破训练，因此建议伞兵协助炸毁机场。"普伦德加斯特还建议，远程沙漠部队利用卡车运输特种空勤团会是一个明智之举。

1941年12月8日——在查尔斯·霍利曼

▲ 远程沙漠部队的军官在车下阴凉处休息

▲ 2名远程沙漠部队的队员正在放哨

（Charles Holliman），绰号"高斯"（Gus）上尉的指挥下，一支由19名罗德西亚（Rhodesian）士兵组成的远程沙漠部队巡逻队，带领两支特种空勤团突击队，离开贾卢绿洲（Jalo Oasis）向西北方向350英里的塔米特（Tamet）和苏尔特（Sirte）机场进发。两支突击队分别由斯特林和他的副手布莱尔·帕迪·梅恩领导。霍利曼巡逻队的领航员是一个名叫迈克·萨德勒（Mike Sadler）的英国人，他于1937年移居罗德西亚。

最初两天，突击队一切进展顺利，但随后他们遇到了一大片岩石嶙峋、崎岖不平的地带。1941年12月11日上午，他们费尽周折，3个小时才行驶了20英里。但很快他们就发现，脚下的路途并不是他们最大的问题。

"突然，我们听到了一架吉卜力（卡普罗尼Ca.309型侦察机）的轰鸣声。"远程沙漠部队罗德西亚士兵塞西尔·杰克逊[Cecil Jackson，绰号"杰寇"（Jacko）]回忆道："崎岖不平的地形，没有太多隐蔽空间，霍利曼命令我们所有人听他的指令开火。敌人的侦察机飞得很低，当5挺刘易斯机枪同时向它开火时，它立刻掉转方向，所以投下的炸弹没有击中我们。"

吉卜力侦察机没有恋战，但是英国人知道上面的飞行员已经通过无线电汇报了情况。战斗机出现在头顶只是几分钟的事情。杰克逊说道："我们原路折回之前经过了一片灌木丛。"他和战友们手忙脚乱地用伪装网伪装车辆。"我们刚隐蔽起来，就有3架战斗机从我们头顶飞过，朝灌木丛一顿扫射。"

显而易见，意大利人虽然知道敌军的藏身之所，但他们仍然胡乱开火，用枪扫射地面，因为他们无法看清目标。这是一次可怕的经历，远程沙漠部队和特种空勤团的士兵们蜷缩在零星的掩体中，孤立无援。他们只能一动不动，极力克制逃离火海的冲动。"我面部朝下趴在灌木丛附近，听到并感觉到有东西在重重击打着我周围的地面。"杰克逊回忆道。他没有畏惧退缩。飞机的轰鸣声渐行渐远，直至几乎弱不可闻的时候，他和战友们才站起身来。杰克逊低下头，脸色发白

克莱顿很快便摧毁了敌人的阵地。撤离时，"T"巡逻队摧毁了3架轻型轰炸机、1个大型燃料库，所有20名守卫或被击毙或被俘虏。

地看着地面："沙地上，我的头和肩膀的压痕周围布满了弹孔，形成了一条匀称的曲线。"

真是万幸，低空扫射并没有造成任何伤害。巡逻队动身出发，到达目标地区的外围，一路上平安无事。按照计划，斯特林和吉米·布拉夫（Jimmy Brough）中士负责突击苏尔特机场，帕迪·梅恩和特种空勤团其他队员则负责袭击塔米特机场。第二天夜晚，他们各自去执行任务，远程沙漠部队则留在瓦迪塔米特集合点。大约晚上11点15分，3英里外震耳欲聋的声音打破了寂静。"看到爆炸时，我们激动不已，肾上腺素在体内涌动。"萨德勒回忆道，"回到房车时，特种空勤团和我们一样满脸兴奋。我们即刻启程返回。一路上，他们向我们讲述了突袭全过程，讨论了下次突袭可以改进的地方。"

斯特林在苏尔特机场一无所获，但梅恩却在塔米特机场炸毁了24架飞机。远程沙漠部队和特种空勤团的联合行动取得了更多战绩。比尔·弗雷泽（Bill Fraser）中尉率领的5人小队紧随其后，在艾季达比亚摧毁了37架飞机。1941年12月末，梅恩再次返回塔米特机场，摧毁了27架刚刚抵达的飞机。这些飞机是用来替代被梅恩几周前摧毁的飞机。

1942年上半年，斯特林和特种空勤团继续依靠远程沙漠部队作为他们在利比亚的"出租车司机"。斯特林还向他们寻求指导，培养羽翼未丰的特种空勤团。"我们将自己的知识都传授给了特种空勤团，他们非常感激。"吉米·帕奇（Jim Patch，1941年加入远程沙漠部队）回忆道，"大卫·斯特林是常客，他和我们聊天，接纳一些事物。他接受建议，坦诚相待，他不仅仅接触那些军官，也和战士们打成一片。"

1942年上半年，多亏了远程沙漠部队，特种空勤团才得以摧毁143架飞机。正如斯特林所说："截至6月底，特种空勤团至少突袭了前线战区300英里内意军和德军所有相对重要的机场。敌军的防御手段开始改进，虽然特种空勤团依旧保有优势，但是改变战术的时刻已经到来。"

北非其余战事中，特种空勤团大部分时间利用在开罗获取的吉普车及自己的领航员（远程沙漠部队为他们训练领航员），独立行动。特种空勤团对机场开展了大量游击战，随后参与了阿拉曼战役（the El Alamein offensive），迫使轴心国运输队撤退；而远程沙漠部队则重操旧业，回归自己最初的角色。

远程沙漠部队有着超乎常人的意志力和忍耐力，常常对敌人的阵地进行连续数日的观察，并将重要情报用无线电发回开罗。第8军司令伯纳德·蒙哥马利将军在沙漠战争中几乎屡战屡胜，他在1943年4月2日写给普伦德加斯特的信中，表达了对远程沙漠部队的感谢，赞扬"远程沙漠部队在利比亚的侦察任务中表现非常出色"。

1984年，在整修的赫里福德特种空勤团基地开幕式上，大卫·斯特林在演讲中向远程沙漠部队表达了感谢。这个基地命名为"斯特林线"，用以纪念这位特种空勤团的创建者。"在那些日子里，我们对远程沙漠部队感激不尽，"斯特林说道，"远程沙漠部队是沙漠之中最优秀的专业人士，他们毫不吝啬地向我们施以援手。"

英国特种空勤团

诺曼底登陆日任务

随着"霸王行动"的实施,特种空勤团空降法国,受命制造混乱,切断铁路,剿灭德军。

加文·莫蒂默(GAVIN MORTIMER)/文

英国军队登陆诺曼底海滩时,特种空勤团已席卷法国战场,给德军造成一场浩劫

1942年9月，大卫·斯特林（David Stirling）获准扩充英国特种空勤团（SAS）后，任命其兄长比尔为二团指挥官。斯特林家有兄弟姐妹五人，比尔是长子，比大卫年长四岁。这对兄弟虽然有着相似的军事背景，都曾任苏格兰卫兵和突击队员，性格却迥然不同。

安东尼·格雷维尔－贝尔（Anthony Greville-Bell）是一位战时特种空勤团军官，他与大卫、比尔两兄弟熟识。他回忆道："我很喜欢比尔。他深谋远虑、颖悟绝伦、知识渊博，比大卫更聪明。大卫更气宇不凡、体格健壮，表面来看，他更擅长和上级打交道、让自己得偿所愿。相比之下，比尔更沉默寡言、足智多谋，至于和上级打交道，我觉得他比大卫更擅长此道。"

尽管如此，兄弟二人就特种空勤团如何在任何特定战区进行部署的问题达成了一致。1943年1月，大卫被俘后，比尔比以往任何一刻都更加坚定不移地执行弟弟的作战部署，1941年，大卫制定了特种部队在北非的敌后行动计划。1943年夏，陆军中校比尔与第15集团军司令部，就第2特种空勤团在意大利的作战计划产生了分歧，但这不过是暴风雨的前兆。次年3月，盟军远征部队最高司令部对特种空勤旅下达了针对登陆日的作战指令，导致矛盾全面爆发。

比尔接收到作战指令时瞠目结舌。这是一次自杀式任务，特种空勤团没有接受过这种类型的战争训练。

▲ 中校布莱恩·弗兰克斯（Brian Franks），比尔·斯特林的继任者，第2特种空勤团指挥官。后来空降法国，参加洛顿行动（Operation Loyton），该行动命运多舛

他们命令特种空勤旅（彼时包含第1特种空勤团、第2特种空勤团、2个法国团，以及1个比利时士兵连），在海军总攻前36小时，空降至登陆海滩和德军驻地之间的诺曼底。其任务为阻止德军的3个后备装甲师抵达海滩。比尔接到作战指令时瞠目结舌。这是一次自杀式任务，特种空勤团没有接受过这种类型的战争训练。第1特种空勤团指挥官帕迪·梅恩（Paddy Mayne）和比尔感受一样，但对这个身材魁梧的爱尔兰人来说，他更擅长冲锋陷阵，而不是与长官说长论短。"帕迪完全不会和上级打交道。如果那些高级军官惹怒了他，帕迪只会威胁要打断他们的鼻梁。"安东尼·格雷维尔·贝尔说道。

比尔在写给盟军远征部队最高司令部的信中措辞激烈，表达了对于作战指令的强烈质疑，并要求特种空勤团在法国的行动同在沙漠时一样，遵循自己弟弟制定的原则。

然而，在比尔把信寄出之前，中将弗雷德里

▲ 帕迪·梅恩，特种空勤团元老之一，大卫·斯特林被捕后任第1特种空勤团指挥官

克·布朗宁（Frederick Browning）——代号"男孩"——代表特种空勤团出面干预。布朗宁向陆军第21集团军参谋长建议，最好派特种空勤旅深入法国内部，破坏德军通信线路，培养和训练抵抗力量，伏击前往诺曼底的增援部队。

尽管如此，比尔还是寄出了这封信，以使他的愤怒有宣泄之处，而这种愤怒源于最高长官对特种空勤团的不断误解。这封信令最高司令部的许多人暴跳如雷，但比尔拒绝收回他的指责。

相反，他辞职了，他壮士断腕般的决定并非毫无用处。5月28日，陆军第21集团军向特种空勤旅下达了一道修正指令，取代了两个月前的原命令。

现在，特种空勤旅要在法国执行43项任务。除泰坦尼克行动外，其他任务都需要特种空勤团深入敌后，袭击德军。泰坦尼克行动则需派遣一个6人小组空降诺曼底，用假降落伞声东击西。

亨兹沃斯行动

A中队切断德军重要资源和通信线路，在法国全境造成混乱。

亨兹沃斯行动是在被占领的法国执行的首要任务，由A中队执行。A中队任务是切断里昂与巴黎之间的铁路，训练大批当地游击队队员，并给敌军制造麻烦。

A中队的士兵们认为自己比特种空勤旅的其他成员高出一筹。他们都是沙漠老兵，其中约翰尼·库珀（Johnny Cooper）、杰夫·杜·维维耶（Jeff Du Vivier）、雷格·泽金斯（Reg Seekings）和A中队指挥官比尔·弗雷泽（Bill Fraser）等人更是"元老"。他们都在1941年大卫·斯特林亲自招募的66人之列。

但是，在6月5日晚上指挥亨兹沃斯行动的，却是刚加入中队的上尉伊恩·韦尔斯特德（Ian Wellsted）。盟军的入侵部队驶往诺曼底海滩时，韦尔斯特德和其他四人跳伞降落在第戎（Dijon）西部莫尔万山脉（the Massif du Morvan）茂密森林覆盖的、崎岖的山村之中。他们的任务是确保该地区的安全，以使第二支特种空勤团部队能够在6月11日成功降落。第二支部队20人，由比尔·弗雷泽指挥。

到了6月22日，A中队剩余的46名士兵已成功潜入莫尔万山区。弗雷泽的总部营地设在丹镇老城（Vieux Dun），第二个基地在南边大约10英里处，离蒙索什村（the village of Montsauche）不远，由亚历克斯·缪海德（Alex Muirhead）和伊恩·韦尔斯特德指挥。当地抵抗组织——伯纳德游击队（Maquis Bernard）在森林里扎营，扎营地点就在韦尔斯

▲ 参与亨兹沃斯行动的士兵在成功突袭奥顿之前，正在熟悉迫击炮

▲ 帕迪·梅恩和迈克·萨德勒于8月7日抵达法国后，第一时间拜访执行亨兹沃斯行动的比尔·弗雷泽

> 消灭了所有反抗力量后，英国特种空勤团便在森林里销声匿迹，徒留身后尸横遍野，满目狼藉。

特德的部队附近。韦尔斯特德回忆道："哪怕是最有军事素养的游击队队员，也不知道什么是真正的纪律，他们很容易气馁。其真正价值完全取决于其领导人的能力和他们对当地情况的了解。"

6月24日，游击队向特种空勤团报告，一支由德国人和白俄罗斯人（为德方作战的苏联人）组成的护送车队，正欲伏击他们自认为的"加拿大伞兵"部队。得到预警的特种空勤团转守为攻。中士约翰·诺布尔（John Noble）写道："我们艰难地抵达敌军回营的必经之路，在那条路上足足等了4个小时，他们终于回来了。我们沿着公路埋伏，战线蔓延200码[①]，听到事先约定

---
① 英美制长度单位，1码等于3英尺，合0.9144米。——编者注

的信号，我们便开始行动。敌军的行军队伍由一辆卡车打头，卡车上装着20毫米加农炮，紧跟着一辆私家车，接下来是另一辆装有20毫米加农炮的卡车，最后以一辆摩托车断后。我的任务是干掉第一辆卡车。"

韦尔斯特德到达现场时，诺布尔的布朗式轻机枪已大展雄威。"打头的德国卡车已经火光冲天，"韦尔斯特德回忆，"挡风玻璃碎了，驾驶室里的尸体扭成一团……头车后的小型民用车也已停车被弃，路旁有个蜷缩的躯体在痛苦地扭曲。"消灭了所有反抗力量后，特种空勤团便在森林里销声匿迹，徒留身后尸横遍野，满目狼藉。德国人的报复风驰电掣、穷凶极恶。第二天，8辆满载士兵的卡车烧毁了蒙索什和普朗切斯（Planchez）两个村庄。

6月26日，约300人的德军与白俄罗斯联合部队袭击了一处森林，他们认为那里是特种空勤团的藏身之所。但那里并没有游击队员，并且，他们在悄然逃脱的过程中，还射杀了几十个在树林中笨手笨脚行军的德国人。

直至7月初，莫尔万地区大雨如注，特种空勤团和德军双方的军事行动少之又少。之后，在

▲ 亨兹沃斯行动中，飞机向特种空勤团空投了几辆吉普车，但这一辆的降落伞未能打开。图（中）为伊恩·韦尔斯特德队长

7月5日，特种空勤团收到了食物和装备补给，补给包括3辆空投的吉普车。其中一辆吉普车交给了约翰尼·怀斯曼（Johnny Wiseman），他带着1名通信员和其他几名手下向第戎方向驶去，那里驻扎着3万多名德军士兵。

他们的任务是挑选目标并召集英国皇家空军（RAF）进行空袭。他们圆满地完成了任务。

视线转回莫尔万山区，吉普车的到来让特种空勤团能够在更大的范围内骚扰敌军。在最冒险的一次突袭中，韦尔斯特德和缪海德将目标对准奥顿（Autun）的一家合成油厂，该厂距特种空勤团营地25英里。缪海德写道："迫击炮弹完美地射入700码内的厂区，浓密的云团似的蒸汽从破损的管道中喷薄而出。然后随着一声轰鸣，7把维克斯K机枪在200码外开火，曳光弹和燃烧弹倾泻而出，整个厂区火光冲天。每把枪都发射了整整两盘子弹。"

特种空勤团几次切断了通往巴黎的铁路，降低了德军向诺曼底运送士兵和弹药的速度，其中最成功的一次行动是由沙漠老兵杰夫·杜·维维耶领导的。7月底，杜·维维耶在一条50码长的铁轨下方埋下3个压力炸弹。对杜·维维耶和他的两个战友来说，这项工作既复杂又耗时。但他们的努力没有白费。几小时后，一列军需火车驶来了。火车引擎被毁，40节车厢中有10节被炸得脱轨，多门高射炮受损。最重要的是，杜·维维耶在行动后的报告中写道，德国人"心惊胆战，士气低落"。

确切地说，最后一次伏击是由A中队指挥官比尔·弗雷泽实施的，他于9月3日歼灭了7名德军士兵。5天后，A中队到达英国，为托尼·马什（Tony Marsh）的C中队所取代。在法国的3个月里，弗雷泽的手下歼灭或重伤220名德军士兵，令6列火车脱轨，摧毁23辆机动车辆，并破坏了一座合成炼油厂。他们仅有2死7伤。

特种空勤团是纳粹口中的"恐怖分子",却是"二战"中最硬核的特种部队。他们坚韧不拔、体格健壮、纪律严明、聪明睿智,在法国的军事行动中,歼灭了7733名德军士兵

引擎被毁,40节车厢中有10节被炸脱轨,多门高射炮受损。

敌后

作为盟军行动的关键环节，各支特种空勤团中队深入德国领土制造混乱，破坏敌人武器、补给、通信和运输线。

库尼行动
该行动由法国特种空勤团执行，空投了18个小型破坏小组。库尼行动的目标是在48小时内切断铁路线，孤立布列塔尼（Brittany）。任务于6月8日开始执行，迫使德国第275师的一个部队放弃铁路、转向公路，比预计时间晚48小时到达滩头阵地。

泰坦尼克行动
泰坦尼克行动由普尔（Poole）中尉和福尔斯（Fowles）中尉指挥，包含4名成员。其任务为，在入侵主力部队到达前，于诺曼底海滩后方声东击西。他们从飞机上扔下数个沙袋，将其伪装成伞兵，沙袋内装满鞭炮，在着陆时爆炸。然而行动并不成功。

丁松行动
这是由法国特种空勤团于6月在布列塔尼执行的任务，以圣马塞尔之战告终。6名特种空勤团队员牺牲，剿灭300名德兵。

哈夫特行动
此次是7月的一次侦察任务，在科唐坦半岛（the Cotentin Peninsula）突围前，通过无线电传送回德军阵地的详细情况。

灯泡行动
该行动由约翰·托金（John Tonkin）上尉指挥，第1特种空勤团于6月5日深夜至6日凌晨执行，空降至普瓦捷南部乡村地区。这次行动遭到了大量敌军的围攻。7月3日黎明，营地被占领，德军俘虏了31名特种空勤团队员，全部处决。

▶ 为给特种空勤团空投吉普车，每辆车需要4顶长达90英尺的巨大降落伞

> 这次行动遭到了大量敌军的围攻。7月3日黎明，营地被占领，德军俘虏了31名特种空勤团队员，全部予以处决。

地名：瑟堡、鲁昂、布雷斯特、圣布里厄、梅尔德里尼亚克、雷恩、库尔托、勒芒、圣马塞尔、瓦讷、图尔、南特、韦里耶尔、普瓦捷

106

比利时

德国

法国

收获行动
第1特种空勤团下属D中队的60名士兵，在巴黎以南约30英里的朗布依埃（Rambouillet）地区行动了两个月。虽然特种空勤团损失了数名队员，但其一系列的游击突袭让德军损失惨重，同时也令2列火车脱轨。他们切断16条铁路线，并提供关于德军在巴黎附近行动的重要情报。

鲁伯特行动
由第2特种空勤团于8月中旬才开始执行，士兵空降至法国东部，奉命破坏南锡和马恩河畔沙隆（Chalons-sur-Marne）之间的铁路。然而，此时德军正向东撤退，美国第3集团军穷追不舍。因此，特种空勤团一度充当盟军的侦察巡逻队。

巴黎

皮蒂维耶

尔良

莱索尔姆

特鲁瓦

南锡

斯特拉斯堡

穆塞

欧塞尔

夏狄戎

耶尔宗

布尔日

蒙索什

第戎

哈迪行动
哈迪行动是华莱士行动（Operation Wallace）的先期计划。这次行动的任务是在罗伊·法伦（Roy Farran）中队到达后，为其准备补给并提供情报。

托鲁

纳韦尔

瑞士

里昂

野鹰行动
隶属第1特种空勤团的B中队于8月初在卢瓦尔河（the Loire）以西空降，并在布尔日和纳韦尔两镇之间建立基地。B中队奉命在德军间散布"恐慌和消极情绪"，行动卓有成效。在8月25日的一次突袭中，B中队埋下硕大的路边炸弹，伏击了德国车队，之后用轻武器扫荡幸存者。估计有100名纳粹分子被杀。

B中队奉命在德军间散布"恐慌和消极情绪"，行动卓有成效。8月25日，在一次突袭中，B中队埋下硕大的路边炸弹，伏击了德国车队，之后用轻武器扫荡幸存者。

华莱士行动

C 中队在东行前往欧塞尔的途中,与非洲军团的一个连交战,并在此过程中摧毁一列火车。

布莱恩·弗兰克斯中校接替比尔·斯特林,担任第2特种空勤团指挥官。弗兰克斯魅力四射,温文尔雅。1944年,随着夏日时光的流逝,他的军团仍缺少作战机会,他的心情越来越沮丧。由于对作战区域的担忧,几项任务都在最后一刻被取消了。第一批士兵于8月进入法国,但他们很快就被美国第3集团军抢了风头,该集团军正一路向东,横扫法国。

因此,当罗伊·法伦少校和第2特种空勤团下属C中队的60名士兵,乘坐20辆吉普车,由达科塔(Dakota,C-53运输机)运载,落地雷恩机场后,他们下定决心,立刻投入与德军的战斗之中。

就在8月19日,他们从雷恩驶往欧塞尔,开始了华莱士行动。4天后,特种空勤团第一次与敌人接触,他们遇到了一个晒得黝黑的非洲军团。这个军团刚从意大利抵达,士兵还穿着热带战斗服:卡其衬衫和蓝色短裤。"当时,一切看

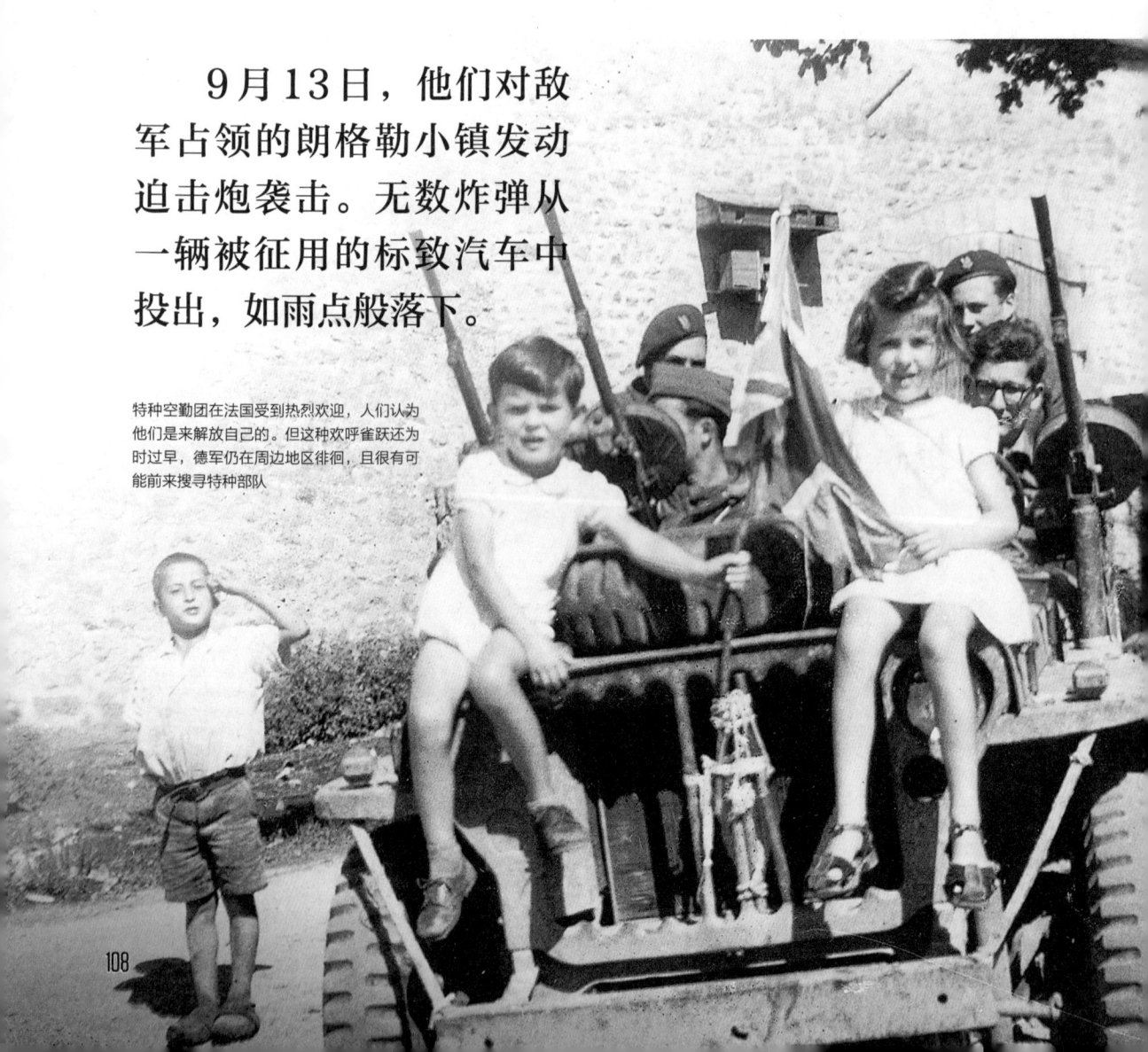

> 9月13日,他们对敌军占领的朗格勒小镇发动迫击炮袭击。无数炸弹从一辆被征用的标致汽车中投出,如雨点般落下。

特种空勤团在法国受到热烈欢迎,人们认为他们是来解放自己的。但这种欢呼雀跃还为时过早,德军仍在周边地区徘徊,且很有可能前来搜寻特种部队

▲ 约翰尼·库珀（Johnny Cooper），特种空勤团元老之一，坐在自己的吉普车上。库珀为纪念自己的女友，将吉普车命名为"康斯坦丝"（Constance）

起来都风平浪静，"军士长哈里·维克斯（Harry Vickers）回忆道，"我们听到爆炸声，转过弯道，便看到法伦正在组织大家战斗。"

法伦是一名老兵，战斗经验丰富，知道掌握主动权至关重要。他命令一个小队掩护右翼，然后派遣维克斯的小队，带着4挺布朗式轻机枪，钻进左边的树篱中。非洲军团很快就发起了进攻，他们相信自己人多必胜。维克斯说："我开始用子弹扫射树篱时，听到德军对我们破口大骂。"

战斗持续了1个小时，德军伤亡数十人。而特种空勤团无一人牺牲，他们成功撤退，去寻找另一条前往欧塞尔的路线。8月底，特种空勤团已到达行动区域，开始搜捕德军。他们摧毁车辆，在道路上埋设地雷，攻击兵营。有一次，g列火车飞驰而过，也遭到了他们的扫射。

8月30日，他们在前往夏狄戎的马尔蒙堡（the Chateau Marmont）德军驻防地的途中，伏击了一个由30辆卡车组成的车队。维克斯在20码外第一个开枪，他因在袭击中英勇无畏而被授予"特等军功章"。法伦在回忆录中描述："我们炸毁了前5辆卡车，其中2辆装满了弹药。我们欣赏了一场绚丽无比的烟花表演。维克斯后来回忆说，当时'场面有点血腥'。"本次伏击

吉卜林行动老兵

亚历山大·伯里（Alexander Borrie），昵称"亚历克"，1925年出生于伦敦。他的父亲是一名"一战"老兵，在战壕中度过了4年。14岁时，伯里离开学校，成为一名木匠学徒。闪电战（The Blitz）期间，他参与修复被炸毁的建筑。1942年，17岁的他应征入伍，被派往高地轻步兵部队。

你是何时，又是如何加入特种空勤团的？
1943年，我所在的营被派往奥克尼群岛（the Orkney Islands）防御德军突袭。但什么也没发生，最终在1944年1月，这个营被解散了。我们可以选择加入突击队、降落伞团或特种空勤团；我选择了特种空勤团，当时真的不知道他们是干什么的。

接下来发生了什么？
指挥官帕迪·梅恩对我进行了面试。我从一加入，便被派往苏格兰的达维尔（Darvel），第1特种空勤团的基地就在那里。后来我才发现，梅恩从300人中只选出了30人，我就是其中之一。我们在林威（Ringway）完成降落伞训练后，只剩下约15人。

你能跟我们描述一下特种空勤团的训练情况吗？
我们在苏格兰乡村参加了很多训练，学习如何导航还有耐力行军。我们了解了炸药，学习如何将火车炸脱轨。我们甚至还学了驾驶蒸汽火车，以防我们到了法国后，可能需要在铁轨上开火车。

你什么时候去的法国？
我在C中队，由托尼·马什少校指挥。我们在吉卜林行动中替换了A中队（见亨兹沃斯行动）。8月19日，C中队加上大约20辆吉普车，乘坐达科塔落地雷恩，并驶向奥尔良附近，花了大约3天时间才到达。我当时在罗伊·克洛斯（Roy Close）中尉指挥的小队里。

你第一次见证行动是什么时候？
据说我们当时进行了为期7天的巡逻。我不记得了。我记得我们当时只是开车四处寻找目标。听说有3辆德国卡车在被尔路上行驶，所以罗伊·克洛斯决定，我们可以在一个拐弯处伏击他们，那里有一条通往树林的粗糙的碎石路。卡车一进入视野，我们就开火，车辆报废了，我们还杀死了大约15名德兵。

接下来发生了什么？
我们不知道车队有装甲护送。接下来局势逆转。重机枪把我们周围的树打了个稀巴烂。罗伊·克洛斯喊："倒车。"但吉普车一辆挨着一辆，所以不太容易。有一辆车掉进了沟里，克洛斯的车则卡在了一根圆木上，车轮还在飞转。我当时开着第三辆吉普车。我们设法挪开了圆木，两辆车便疾驰而去，把第三辆车丢在了身后。

有伤亡吗？
那辆吉普车之所以掉进沟里是因为司机乔·克雷格（Joe Craig）手上中了一枪。我们用一块涂着磺酸盐霜的布清理伤口，后来伤口恢复得很好。

德军有没有追击你们？
没有，但不久后，我们经过了沙蒂永昂巴祖瓦（Chatillon-en-Bazois）村庄。那里的人以为我们是来解放他们的，向我们扔花，还想开个派对。我们告诉他们还没有解放，而且德军就在附近，他们应该回到屋里。

巡逻后来怎么样了？
我们就只是继续开车四处寻找目标而已，也有几次交火。但因为德军正在撤退，所以我们已经没有什么目标了。

中，特种空勤团牺牲一人，德军损失近百人。

9月的第一周，华莱士行动继续给德军造成重大伤亡。德军开始向东撤退，队伍越来越混乱，这反而助力了特种空勤团的攻击性和机动性。9月7日，维克斯看到两辆德国参谋人员的汽车在路上疾驰而过，就向他们开火，成功射杀1名营长和他的二把手。次日，特种空勤团摧毁5辆德军汽油油罐车。9月13日，他们对敌军占领的朗格勒（Langres）小镇发动迫击炮袭击。无数炸弹从一辆被征用的标致汽车中投出，如雨点般落下。领导这次袭击的军官鲍勃·沃克·布朗（Bob Walker-Brown）回忆道："这辆车一开始就有个可滑动的天窗，我们把天窗扩大，取出后座，把迫击炮塞在大量沙袋上面。这足以说明当时的标致车有多棒！"

3天后，法伦与美国第7集团军取得联系，结束了华莱士行动。在报告中，他估算己方剿灭或重伤德军约500人，摧毁机动车59辆和火车1列，并炸毁敌人10万加仑燃料。第2特种空勤团死亡7人，受伤7人。

他总结说："这次行动证明，只要时机正确，所处国家合适，不管有没有当地居民的积极帮助，一支经过特殊训练的小部队，就能取得巨大战果。"

你是否知道，德军处决了所有被俘的特种空勤团士兵？
我们听说了这个命令，所以我们都知道被俘后会发生什么。如果你19岁，你会觉得这种事可能会落在别人头上，但绝不会发生在自己身上。

你在战争中毫发无损吗？
不。1945年4月14日，我们开进德国时，我的吉普车碾过了一颗地雷。我的中士桑迪·戴维森（Sandy Davidson）刚当上爸爸，就牺牲了，还有一名坦克兵被严重烧伤。我在医院里住了几个星期，治疗右腿伤口。

▲ 托尼·马什（左）和罗伊·克洛斯

▲ 帕迪·梅恩，战前为爱尔兰国际橄榄球运动员，在达维尔的一次放松训练中，带领特种空勤团进行并列争球练习（1944年4月）

1945年夏天，挪威斯塔万格（Stavanger）机场，帕特·哈特（Pat Hart）少校、帕迪·梅恩和罗伊·法伦等候运输机。

洛顿行动

德军增援孚日（Vosges）以阻止即将到来的第3集团军，特种空勤团奉命攻击撤退途中的德军。

华莱士行动结束后，罗伊·法伦希望带领他的手下，一路向东加入另一项代号为"洛顿"的第2特种空勤团任务。但他得到消息，德军已在摩泽尔河（the Moselle River）东岸挖好了战壕，召集了大批援军，决心阻止第3集团军向德国进军。此外，美军在横扫法国的过程中，已将补给线延伸到了极限。因此，法伦改变了主意，带领中队来到法国首都巴黎，享受了为期1周的假期。

与此同时，参与洛顿行动的士兵与德军进行了一场致命的猫鼠游戏。8月底，特种空勤团先遣队空降到地势崎岖的孚日地区，奉命攻击正撤回德国的敌人。降落区是一片被森林环绕的草地，靠近拉佩蒂特朗（La Petite Raon）村庄。达斯特·克罗斯菲尔德（Dusty Crossfield）回忆道："这次降落对我来说困难重重。我能看到自己正向树林飘去，用力拉索具线也没用。我撞开树枝，摇摇晃晃地停了下来，完全不知道自己离地面有多远。我猛击快速释放装置，重重地摔在一个木台上，那个台子起码有15英尺高。这时有人朝我跑过来。我快速地拔出了科尔特45左轮手枪，然而，正要开枪时，一声'干得好，英国人'救了来人一命。"

21岁的亨利·波尔森（Henri Poirson）也是游击队的接待委员会成员之一。他说："其中一名英国士兵西摩（Seymour）中士，在着陆时伤了脚踝，所以我们不得不把他抬回营地。第二天，因为附近德军太多，形势凶险，特种空勤团指挥官德鲁斯（Druce）上尉决定，他们要换一个新基地。"

孚日的一些村民认为自己是法国人，但另外有些人有德国血统，他们随时准备向德军通风报信。

▲ 亨利·波尔森是抵抗组织成员，曾在洛顿行动中与特种空勤团并肩作战，后来被捕并被送往奥斯维辛集中营。照片摄于2016年

特种空勤团穿越森林时，遇到了敌军的巡逻队。在随后的交火中，2名英国士兵牺牲，2名被俘，其中1名便是西摩。

到8月底，又有34名特种空勤团士兵空降到来，其中包括陆军中校布莱恩·弗兰克斯和一批吉普车。这让英方的机动性和火力大大增强，但正如德鲁斯回忆的那样："德军从斯特拉斯堡派了1个师来搜寻我们，我们危机重重。"

尽管如此，特种空勤团还是展开了一系列的进攻性巡逻，在蜿蜒的林中小路上扫射遇到的敌军车辆。在最精彩的一次突袭中，德鲁斯用吉普车上的勃朗宁机枪，扫射在穆塞村庄广场列队的党卫队，造成了众多伤亡。为了复仇，德军将穆塞的男性全部运送到集中营，210人中只活下来70人。

特种空勤团还发现，他们降落的这个地区，由于历史原因，人们分为2个阵营。孚日的一些村民认为自己是法国人，但另外有些人有德国血统，他们随时准备向德军通风报信。

波尔森是木材场的卡车司机。9月24日，他刚到木材场，就被党卫队逮捕。他回忆道："他们把我按在墙上，准备开枪打死我。但这时一名

▲ 特种空勤团参加活动，纪念在德国集中营中被杀害的穆塞地区受害者

军官出现了，说'不，不是这人'。"

波尔森知道是谁出卖了他，他觉得，他们出卖他时，要求德国人承诺不处死他。波尔森没有被处决，而是被送上一列东行的火车。他先被送到奥斯威辛集中营（Auschwitz），在那里待了几个星期，负责把尸体运到焚化炉。然后他又被送至达豪集中营（Dachau），并一直待到该集中营解放。

到了10月初，弗兰克斯得出结论，随着美军的进军陷入停滞，洛顿行动也就没有了下文。

洛顿行动从一开始就一塌糊涂，一方面是运气不佳，另一方面缘于最高司令部拙劣的部署。因此，10月6日，弗兰克斯将他的部队分成5队，并指示他们向西撤退，穿过德军遍布的地区。克罗斯菲尔德和其他4人一起撤离，其中包括乔克·罗柏（Jock Robb）。克罗斯菲尔德回忆道：

"上校送我们启程，他向我要了一包烟，跟我们告别，祝我们好运，然后目送我们离开。在接下来的几天里，虽然有几次与德军擦肩而过，但一切还算顺利。后来我们遇到了一条相当宽阔的河流[默尔特河（the Meurthe）]，我们脱下衣服准备游过去时，我意识到乔克站在原地一动不动。他告诉我他不会游泳。他之前在训练时撒了谎，侥幸过关，没被发现。我没法带他过河。但是把好友一个人留下，那就是我的罪过了。所以我重新穿好衣服，决定和他另辟蹊径回到安全地带。"这对伙伴最终穿过了德军的防线，与安全返回的弗兰克斯等人会合。

然而，参与洛顿行动的士兵中有31人没能成功返回。他们或是独自被俘，或是三五成群地被抓，被审讯、拷打，最后被处决。

德鲁斯用吉普车上的勃朗宁机枪，扫射在穆塞村庄广场列队的党卫队，造成了众多伤亡。为了复仇，德军将穆塞的男性全部运送到了集中营。

▼ 3名特种空勤团士兵的墓碑，位于穆塞公墓。他们被德军俘虏并处决

德国特种作战部队的座右铭是"吾之荣誉即忠诚",但也可能是"没有荣耀的死亡"。武装党卫队的盲目服从,使他们既英勇无畏又野蛮凶残。

希特勒残暴的武装党卫队

尼克·索尔丁格(NICK SOLDINGER)/文

1933年11月9日，慕尼黑，又一个寒冷的夜晚。音乐厅广场——这座城市的大广场，已经改头换面。往日人满为患的路边咖啡厅已不见踪影，也没有了忙忙碌碌为不耐烦的客人端水送酒的服务员。今晚，这是一个火把通明的阅兵场。纳粹旗帜装点着新古典主义的楼宇，而在百年前修建的统帅堂军事纪念馆前，站着800名党卫队士兵，肃穆而立。他们一袭黑装，一尘不染，站在暮秋的冷风中，杀气腾腾。

今晚是慕尼黑啤酒厅政变10周年纪念日，阿道夫·希特勒拙劣的政变企图让他的16名暴徒陈尸统帅堂的台阶。自那以后，时过境迁，最初被监禁的希特勒已经从边缘狂热分子变成了政治偶像。他现在是德国的独裁者，今晚的表演既是为了改写历史，将政变重新包装为崇高的牺牲，也是为了感谢他的党卫队头目让这一切成为可能。每个人都被授予一把仪式匕首，一把刻有"吾之荣誉即忠诚"字样的双刃剑。党卫队士兵甚至无法想象，这些礼物将成为他们暴力和最终悲剧命运的象征。

武装党卫队起源

在其鼎盛时期，党卫队是第三帝国最强大的组织，是控制着纳粹德国的恐怖机器。然而，它的起源可以追溯到一些"一战"老兵。

1918年签订停战协定之后，德皇退位并逃离德国，德国首次尝试民主，但战胜国苛刻的条件让这个国家陷入了混乱状态。随着急速上升的失业率和恶性通货膨胀的连环打击，各势力也针锋相对，从慕尼黑到柏林，右翼团伙与左翼反对派在街头巷尾兵戎相见。

在这种时候，愤怒总是压倒理智，纳粹党就在这种黑暗中兴盛起来。褐衫队是一支由前陆军军官恩斯特·罗姆（Ernst Röhm）领导的60000人的准军事部队，攻击任何与领导层的恶意布道观点相左的异己分子。他们选出一支精锐护卫队，保护希特勒本人。

这支护卫队头戴黑帽，且随着时间的推移，制服的其余部分也逐渐改为黑色。他们后来有了一个令人难忘的名号：党卫队（意为"保护中队"），或简称SS。在野心勃勃的党卫队领导人海因里希·希姆莱（Heinrich Himmler）的领导下，党卫队威名远扬，势力扩大。他们一开始仅仅是保护希特勒的安全，后来逐渐担任盖世太保（秘密警察），管理集中营系统，并实施"最终解决方案"的种族灭绝政策。

从一开始，希姆莱就向越来越多疑的希特勒灌输，护卫队不仅会保护希特勒，还会保护希特勒勾画的宏图远景。这些"超人"来自最纯正的日耳曼血统，拥有极端的纳粹意识形态，或者正如公关游说所言，这些"超人"愿意为他们的元首赴汤蹈火。事实上，希姆莱确保他们每个人，都和后来的党卫队士兵一样，不仅个人宣誓效忠希特勒，而且要发誓完全服从他的指令，指哪儿打哪儿。

到1934年，原来117人的护卫队已经增加到800人。如今，护卫队拥有华丽的仪式匕首和合法武装，成了希特勒的私人军团——党卫军警卫旗队。警卫旗队摩拳擦掌，准备一展身手。罗姆的冲锋队可能催生了党卫队，帮助希特勒登上了权力顶峰。但到了1934年，冲锋队功高盖主，其权力与日俱增，让希特勒感到了威胁。于是元首决定释放他的猎犬。在"长刀之夜"行动（Operation Night of the Long Knives）中，党卫队迅速铲除异己，几天内就对冲锋队完成了斩首行动。他们杀害曾经的战友而毫无愧疚，党卫队的忠诚由此得到了证明，正如希姆莱所希望的那样，武装党卫队诞生了……

杀害曾经的战友而毫无愧疚，党卫队的忠诚由此得到了证明。

党卫队的缔造者

海因里希·希姆莱
1900—1945

希姆莱温文尔雅却野心勃勃，1929年被任命为党卫队全国领袖。他把党卫队从精英保镖团改造为纳粹德国的利剑。

保罗·豪塞尔
（代号"老爹"）
1880—1972

党卫队之父，帮助培养了武装党卫队深厚的同志情谊。他在60多岁的时候，还带领士兵上战场，在苏联失去了一只眼睛。

菲利克斯·施坦因纳
（Felix Steiner）
1896—1966

党卫队副总指挥。他给党卫队灌输了坚忍不拔的思想理念。他多次被授予英勇勋章，帮助武装党卫队转变为一支多国部队。

▲ 1935年12月17日，党卫军警卫旗队在兵营游行，向领袖阿道夫·希特勒致敬。

▲ 1939年10月20日，波兰库尔尼克（Kórnik）被洗劫和占领后，有人目击某党卫队特遣部队于此处围拢并处决波兰人质

▲ 希特勒与冲锋队参谋长恩斯特·罗姆交谈。罗姆的冲锋队助力希特勒掌权，但希特勒后来下令将其谋杀

1939—1940
党卫队开始作战
分队：希特勒警卫旗队师和党卫队骷髅师

几乎在战争一开始，武装党卫队就被投入前线，首先被派往波兰，然后在西方对抗荷兰和法国。在这两次战役中，党卫队都表现出了他们那臭名昭著的两面性，即不计后果的英雄主义和纯粹的冷酷无情。

一开始，党卫队的表现招致正规军对其诟病，因为在波兰战役中，党卫队造成了不必要的伤亡，并肆无忌惮地焚毁村庄。然而，在入侵荷兰期间，他们纪律森严，在全国各地与空降部队会合。在党卫队的帮助下，短短五天内，荷兰便被击败。

在法国，他们遇到了更为顽强的抵抗。党卫队骷髅师的预备役士兵被召集到前线，与希特勒警卫旗队师一道，在敦刻尔克周围压制抵抗势力。战斗非常激烈，在沃尔穆（Wormhoudt）村庄，一支英国军队殊死抵抗，打了整整一天，局面才有所改变。希特勒警卫旗队师围捕了90名幸存者，将他们烧死在一个谷仓里。党卫队骷髅师不甘示弱，用机枪扫射了97名被俘的英国人。

1941—1945
巴巴罗萨行动及之后
分队：希特勒警卫旗队师、党卫队帝国师、党卫队骷髅师、党卫队警察师，党卫队维京师和党卫队北方师

希特勒下令入侵苏联时，武装党卫队由6个师组成，共有16万人。1941年6月22日，国防军开始在前线从黑海往东向芬兰推进时，武装党卫队的每一名士兵都站在了最前线。对武装党卫队来说，这是高光时刻。他们根深蒂固地认为苏联是劣等民族，于是，他们以满腔的热忱投身到"拯救人类的圣战"之中。

德军于10月抵达莫斯科，但随后冬天来临了。气温骤降至摄氏零下45度，行军步履维艰。苏联反击时，党卫队帝国师反攻为守，伤亡4000人。当盟军发起另一轮进攻时，希特勒警卫旗队师负隅顽抗，2000人中只有35人幸存。

武装党卫队在俄罗斯的库尔斯克（Kursk）、卡尔科夫（Karkov）和斯大林格勒保卫战中，多次证明了其战斗能力。最后，当红军冲向柏林时，是党卫队为撤退提供了坚固的防守。

党卫队主要部队

全盛时期，武装党卫队不少于 38 个师，将近 100 万人。以下是最重要的几个部队：

希特勒警卫旗队师
成立于 1923 年
希特勒的护卫队，党卫队的前身，发展成为党卫队第 1 装甲师。它的徽章是一把钥匙，以纪念指挥官塞普·迪特里希（Sepp Dietrich），迪特里希的意思是"开锁"。

党卫队帝国师
成立于 1939 年
参加了对法国和苏联的入侵，然后被派往西部参加诺曼底战役。在该战役中，党卫队帝国师士兵在格拉讷河畔奥拉杜尔镇（Oradour-sur-Galne）屠杀了 642 名法国平民。

党卫队骷髅师
成立于 1939 年
党卫队骷髅师最初由曾担任集中营警卫的人组成。其指挥官提奥多尔·艾克（Theodor Eicke）是前达豪集中营的指挥官，是刺杀冲锋队领导人恩斯特·罗姆的凶手。

党卫队警察师
成立于 1939 年
由德国正规警察组成。在前往希腊之前，党卫队警察师在东线遭受了重大损失。在希腊的迪斯托莫大屠杀（the Distomo Massacre）中，杀死了 214 名平民。

党卫队维京师
成立于 1941 年
这是武装党卫队的 24 个师中第一个几乎完全由外国战士组成的师。它主要由斯堪的纳维亚志愿者组成。

党卫队北方师
成立于 1941 年
党卫队北方师主要由斯堪的纳维亚志愿军组成，在入侵苏联期间，是进攻线最北端的部队之一。

党卫队瓦隆师
成立于 1941 年
在比利时对纳粹德国的战争中做出了贡献。这支部队由瓦隆法西斯政治家莱昂·德格雷勒（Léon Degrelle）领导。希特勒曾对德格雷勒说："我真希望有一个像你这样的儿子。"

希特勒青年团
成立于 1943 年
由风度翩翩且有影响力的库尔特·梅耶（Kurt Meyer）领导，他是最初的希特勒警卫旗队师成员之一。希特勒青年团由十几岁的男孩组成，他们是第一代在纳粹主义环境中长大的人。

党卫队查理曼师
成立于 1944 年
由法国志愿者组成，其徽章象征查理曼大帝时期的法兰克部落，也就是现在的法国和德国。党卫队查理曼师是最后投降的部队之一。

121

征兵与训练

虽然征兵标准会随着战争伤亡人数增加而不断下降，但武装党卫队最初的征兵标准十分严格。根据希姆莱的命令，所有招募对象必须身体素质优异，身高至少180厘米，并能够证明他们的雅利安血统可以追溯到150年前。

许多早期的新兵来自农村，这一点令希姆莱喜出望外。作为一个狂热的种族主义者，希姆莱在德国农民身上看到了最纯正的雅利安男子气概。这些农民中的许多人受教育程度很低，很容易成为纳粹教化的目标。他们每天都被灌输这样的观点：他们是雅利安人，在基因上比斯拉夫人和犹太人等其他软弱而恶毒的种族优越。他们被告知，这些"次人类部落"是一种疾病，必须在其摧毁西方文明之前根除，不能手下留情。

党卫队新兵的基本训练与正规军相当，但文化方面存在显著差异。党卫队虽然纪律严格，但是多亏党卫队之父——保罗·豪塞尔将军，其指挥结构并非一板一眼。田径运动和团体比赛取代了枯燥乏味的行军，他鼓励所有成员之间嘘寒问暖，相互尊重，互相信任。

这种开放性培养了主动性，而这种主动性阻碍了国防军严格的自上而下的指挥结构。其中一项引人注目的成就便是党卫队开创先例，率先使用迷彩夹克。迷彩夹克最初被大肆嘲笑，后来却广为流传。豪塞尔的创新方法也确保了这些年轻的新兵日益健壮，且在其军事技能得到磨炼的同时，强大的团队精神与深厚的同志情谊也一并发展壮大。这些士兵相信自己战无不胜，并且愿意证明这一点，哪怕代价是他们的生命。武装党卫队也为扮演一个独特的军事角色做好了准备。

军队训练主管菲利克斯·施坦因纳策划战术训练。施坦因纳曾在第一次世界大战期间担任冲锋队员，并设想武装党卫队扮演类似突击部队的角色，带头攻击。武装党卫队的士兵们既英勇无畏又冷酷无情。在这些人中，希姆莱、豪塞尔和施坦因纳培养出了大批士兵，这些士兵被灌输的思想是，对待自己的生命要像对待别人的生命一样漠然。

因此，党卫队的伤亡率骇人听闻（约35%）。他们罪行累累，每一个勇敢的行为在更大的邪恶面前都会黯然失色。

▲ 一张纳粹征兵海报，鼓励荷兰人加入武装党卫队

希姆莱、豪塞尔和施坦因纳培养出了大批士兵，这些士兵被灌输的思想是，对待自己的生命要像对待别人的生命一样漠然。

1945

法莱斯口袋

部队：党卫队帝国师、希特勒警卫旗队师、党卫队分部希特勒青年团

1944年6月6日，盟军登陆艇抵达诺曼底海滩时，距离最近的党卫队师是位于巴黎西部的党卫队第12装甲师希特勒青年团。希特勒青年团后来被美国人戏称为"糖果师"（the Candy Division），主要由十六七岁的男孩组成。这些男孩从小除了纳粹主义便一无所知，他们是纳粹思想登峰造极的产物。

入侵开始时，希特勒正在睡觉，没有人敢叫醒他，所以党卫队希特勒青年团傍晚才接到部署命令。第二天晚上，他们卷入了卡昂城（Caen）的绝境防御战。这些年轻的士兵顽强战斗，逐渐被包围在后来称作"法莱斯口袋"（the Falaise Pocket）的地方。到8月22日，希特勒青年团几乎全军覆没，20540人的部队中有8500人伤亡，几乎所有的装甲都被摧毁。

武装党卫队本应再次赢得荣耀，但其残暴掩盖了任何荣耀。他们可能刚出校门，但却被训练成了杀人机器。在战争开始前两个月，这群男孩在阿斯克（Ascq）处决了156名被俘虏的加拿大人和86名法国平民。

▲ 武装党卫队士兵经常在战斗中出生入死。他们的勇敢所向披靡，但他们的伤亡率骇人听闻。

运动
从一开始，系统的、高强度的体能锻炼就是武装党卫队新兵训练的一部分。体能训练和田径运动都是常规课程。新兵还进行每日远足、跳跃和跑步训练。随着时间的推移，正如一位党卫队领导人所说："一名运动型士兵出现了。一个训练有素的运动健儿，身体柔韧，精神专注，表现欲强。这种士兵非常适合突击部队战术的特殊要求。"

就位
想要达到武装党卫队的战斗标准，新兵大约需要训练 6 个月，军官则需要 12 个月。随着战争不断升级，不符合这一标准的外国党卫队新兵也被接收入伍，只接受了两周的训练就匆匆被派往前线。所有士兵都必须在正式仪式上宣誓效忠希特勒。

理念
每个党卫队单位都有一名教官，负责向新兵灌输意识形态的基本信条：信仰雅利安种族的优越性，完全服从希特勒，以及仇恨"劣等"种族，尤其是犹太人。在培训期间，通过无休止的宣传和讲座，极力强化反犹太主义。受训者还被要求学习希特勒的《我的奋斗》(*Mein Kampf*) 和《犹太人贤士议定书》(*The Protocols Of The Elders Of Zion*)。《犹太人贤士议定书》是一种反犹太主义阴谋论，声称揭露了犹太人统治全球的计划。

宗旨
新兵在训练结束后可能会具有不同的个性。运动训练有一种准军事倾向，强调取得全面胜利的必要性。其宗旨是创造完美的战士：一个展现了意志力、韧性和民族纯洁性的典范。新兵不仅被塑造成纳粹主义的代言人，还被打造成残忍的杀人工具。正如希特勒自己曾经承认的那样："我来到这个世界上，不是为了让人们变得更好，而是为了利用他们的弱点。"

训练为德国而战

武器

随着战争的继续,武装党卫队证明了自己拥有德国最优秀的士兵,也因此获得了最好的武器。最终,所有师都成为装甲部队,使用令人生畏的虎式和豹式坦克。在军事上,作为德国"一战"轻装冲锋队的后代,党卫队新兵也接受了使用小型武器的训练,如KAR98步枪、MP40冲锋枪、"铁拳"反坦克武器,以及轻型迫击炮、手榴弹,甚至致命的火焰喷射器。

战术

根据武装党卫队的一本训练手册,突击队被训练成"高度伪装的敢死队,速度快,警惕性强,砥砺前行,势不可当"。因此,他们采用的战术训练系统侧重作战,主要培养战场上的进攻性、机动性和杀伤力。正式的阅兵式训练被压缩,取而代之的是野战技术和演习,以提高武装党卫队新兵的战斗能力。

华沙犹太人起义

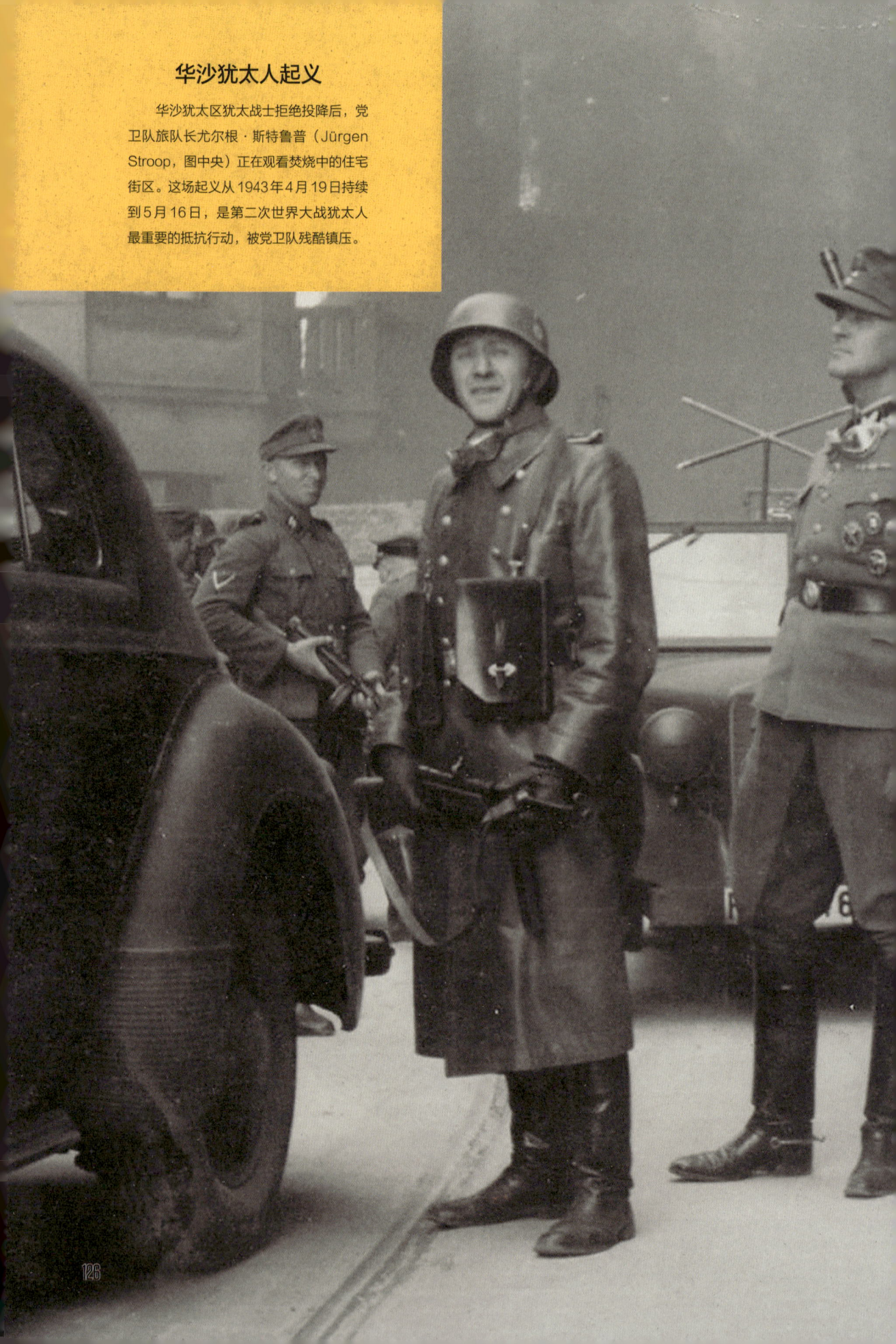

华沙犹太区犹太战士拒绝投降后,党卫队旅队长尤尔根·斯特鲁普(Jürgen Stroop,图中央)正在观看焚烧中的住宅街区。这场起义从1943年4月19日持续到5月16日,是第二次世界大战犹太人最重要的抵抗行动,被党卫队残酷镇压。

> 180名犹太人、土匪和"次等人类"被消灭。华沙的前犹太区已经不复存在。
>
> ——党卫队旅队长尤尔根·斯特鲁普

党卫队的外国军团

武装党卫队在法国沦陷中发挥了关键作用，此后，海因里希·希姆莱建议希特勒进一步扩大党卫队。军队首领们因担心希姆莱"虹吸"新兵而向希特勒施压。迫于压力，希特勒只好允许小规模增加德国新兵。然而，希特勒同意在政策上做出重大改变，授权建立党卫队维京师，在新占领的土地上建立一个新的分支。正如希姆莱这名曾从事养鸡业的种族主义者所说的那样，维京师将由来自"相关血统"的人组成。党卫队第五维京师最终吸引了来自丹麦、挪威、瑞典、芬兰、爱沙尼亚、荷兰和比利时的右翼新兵，为后来由非德国人组成的24个党卫队武装师铺平了道路。

党卫队的国际新兵

英国
成立时间：1943年
人数：59人
英国自由军团是从战俘营的俘虏中招募的。虽然人数少，却被广泛用于宣传目的。

克罗地亚
成立时间：1943年
人数：20000人
从克罗地亚大量招募穆斯林新兵。希姆莱认为，这种信仰比基督教更能培养出优秀的士兵。

印度
成立年份：1942年
人数：2800人
该组织旨在成为英国统治下的印度的解放力量，在伊朗，后来在西欧，都有所行动。

然而，真正让事情升级的是对苏联的战争。

各国新兵纷纷投入希特勒的红白黑旗麾下，参军理由五花八门，就如同他们的国籍一样不一而足。像许多雇佣兵一样，有人参军是为了报酬、地位或冒险，而另一些人则是出于政治原因。

与苏联这样一个幅员辽阔的国家作战，总是需要特别多的人力。事实证明，希姆莱不是那个他自诩为奉行种族主义的神秘主义者，而是一个心胸狭隘的实用主义者。他把德国公众兜售成理想化的北欧骑士（金发碧眼的白种人），精神像养育他们的田野和森林一样纯洁无瑕。当然，这纯属虚构。当东线战场的隆隆炮火、忍饥挨饿和刺骨严寒摧毁了他关于雅利安十字军（Aryan crusader army）的幻想时，他却雇用了任何一个愿意为他挡子弹的人。

到1945年，武装党卫队的90万士兵中约有1/3不是德国人，他们来自阿塞拜疆、印度、斯洛文尼亚等不同地区，其中甚至还有来自南斯拉夫的穆斯林新兵。希姆莱私下里会把这些人称为没有生存权利的"次等人"。然而，垂死的独裁政权必须采取孤注一掷的措施。

▲ 1944年4月，英国自由军团的两名成员，肯尼斯·贝里（Kenneth Berry）和阿尔弗雷德·明钦（Alfred Minchin）与德国军官在一起

▲ 1944年波兰华沙起义期间，党卫队第15哥萨克骑兵师（the XV SS Cossack Cavalry Corps）的哥萨克成员

主要军官

库尔特·梅耶，代号"装甲车"
1910—1961
党卫队旅队长
由于在战场上的英勇表现，梅耶获得了骑士十字勋章。战后，梅耶因射杀盟军战俘而被判终身监禁。

塞普·迪特里希
1892—1966
上将
迪特里希起初是希特勒的司机，后来成为希特勒警卫旗队师的第一任指挥官。"二战"后，他因参与1944年的马尔梅迪大屠杀而被监禁10年。

奥托·斯科尔兹内（Otto Skorzeny）
1908—1975
上校
作为营救墨索里尼的冒险计划的领导者，斯科尔兹内参与了敌后行动。他于1948年越狱，27年后死于西班牙马德里。

米歇尔·魏特曼（Michael Witmann）
1914—1944
上尉
他因1944年6月13日伏击英军纵队而闻名，当时，他在15分钟内单枪匹马摧毁了14辆坦克。两个月后，他在作战中被杀。

约阿希姆·派佩尔（Joachim Peiper）
1915—1976
上校
在1944年的突出部战役（Battle of the Bulge）中，派佩尔的部队在马尔梅迪（Malmedy）残忍地杀害了84名美国战俘。战后他因暴行被判终身监禁，但只服刑了11年。

威海姆·孟克（Wilhelme Mohnke）
1911—2001
旅队长
希特勒最初的保镖之一，于1945年被任命为柏林保卫战的指挥官。战后，他在苏联监狱里度过了10年。

1945

最后一战

部队：党卫队第 11 北方师、党卫队第 33 查理曼师、希特勒警卫旗队师

苏联对柏林的炮击始于1945年4月20日，希特勒56岁生日的这一天。至此，他曾经令人闻风丧胆的党卫队大多数不是被杀、受伤就是被俘。一个月前，近半数党卫队士兵死于一次自杀式任务，他们的目的是夺回匈牙利巴拉顿湖（Lake Balaton）附近的油田。

150万名苏联红军士兵慢慢包围了柏林，保卫首都的重任落在了一支由乌合之众组成的军队上。这支军队包含正规军、老迈的国民自卫队和稚气未脱的希特勒青年团，总共约4.5万名男人和男孩。

一个月前，希特勒最后一次公开露面。一段视频显示，一名垂垂老矣的元首从他的地堡冒险进入总理府的花园，检阅一群十四五岁"自愿"参加战斗的学生。毫无疑问，有些人从小就别无他求，志愿参军，但肯定不是所有人都是自愿的。这是德国最黑暗的时刻，在成年男性不足后，如今把孩子们推向前线。视频中的许多男孩都是被迫参军，被迫参军的还有许多即将在最后两周的战斗中，死于街头巷尾、残垣断壁的其他人。据一名目击者称："躲起来的男孩一旦被发现，就会被党卫队当作叛徒绞死，以示警告。"

一些执行绞刑的党卫队人员很可能是希特勒的保镖。仍然不离他左右的是希特勒警卫旗队师。讽刺的是，城里最大的武装党卫队部队甚至都不是德国人。

党卫队第11北方师包含大约1600名挪威人和丹麦人，加上党卫队第33查理曼师的330名法国人，他们将是第三帝国（纳粹德国）最后一场战役的主力军。

4月26日，一次反攻失败让这支多国部队损兵一半，残兵败将向市中心撤退，在废墟中东躲西藏期间，用坦克炮摧毁了14辆苏联坦克。值得注意的是，到4月28日，又有108辆苏联坦克被击毁，仅法国人就击毁了62辆。但是，苏联军队势不可当。4月30日，希特勒开枪自杀，3天后柏林沦陷。5月2日，苏联人占领希特勒的地堡，守到最后的是30名溃不成军的法国人，而不是希特勒那800名警卫旗队师士兵，他们早已临阵脱逃。

> **躲起来的男孩一旦被发现，就会被党卫队当作叛徒绞死，以示警告。**

最后审判日

1945年4月29日解放达豪集中营期间,第45步兵师的成员发现了39个铁路车厢,里面装满了2000具腐烂的尸体。不久,50名武装党卫队囚犯被美国警卫枪杀。

133

英国秘密军队

1940年夏天，英国组建了一支绝密的游击队，以对抗纳粹军队的进攻。

安德鲁·查特顿（Andrew Chatterton）/ 文

▲ 瓦萨希（Warsash）/胡克（Hook）汉普郡巡逻队（Patrol Hampshire）

1940年是英国历史上最黑暗的时期。到了盛夏时节，大部分英国远征军（BEF）已成功从敦刻尔克撤离，但他们返程时丢盔卸甲，损失了绝大部分装备和武器。与此同时，德国军队就在英吉利海峡对岸，蓄势待发。虽然人们普遍认为这个国家已无还手之力，但正是在这些绝望的日子里，一支绝密的游击队应运而生。它的使命是留在后方，尽可能地制造混乱，拖延敌人入侵的脚步。

▲ 领章是辅助部队（the Auxiliary Units）得到的唯一公开认可

在肯特郡（Kent）秘密建军

彼得·弗莱明是伊恩·弗莱明（詹姆斯·邦德的原型）的弟弟。1940年6月，彼得·弗莱明正忙着在肯特郡组织一个名为"第12军团观察组"的民间志愿者组织。该组织成为了辅助部队

▶ 科林·格宾斯，英国特别行动执行长官，在第二次世界大战期间组织秘密战争。战后，格宾斯成为格雷斯地毯与纺织品有限公司（Grays Carpets and Textiles Ltd.）的董事

的原型。彼得·弗莱明是组织这支部队的最佳人选。他是一名朝气蓬勃的前卫军军官、一名战前探险家,游历过中国和巴西丛林,并著书立说。彼得·弗莱明为军事情报(研究)部门工作,随即受命召集当地的平民志愿者,训练他们开展破坏活动。

彼得·弗莱明很快就确定并组织了一些人,给他们提供了有效的装备,时刻准备干扰入侵的德军。他收集了大量设备和炸药,为志愿者建造简陋的地下掩体,确定入侵时要摧毁的目标。显然,这些巡逻队事关重大,丘吉尔决定按照这种模式,在那些最容易受到攻击的县郡组建巡逻队。

辅助部队逐步发展

另一个人,像彼得·弗莱明一样,不是传统的英国军官,却被赋予重任,在全国范围内扩大此类巡逻队。这个人就是科林·格宾斯(Colin Gubbins)上校。第一次世界大战期间,科林·格宾斯上校曾在法国和比利时担任炮手;战伤痊愈后,他被派往俄国,在1919年俄国内战期间,这是盟军干预的行动计划之一;20世纪20年代,他在爱尔兰抗击爱尔兰共和军,还在印度待过一段时间;1940年初,他领导独立连队在挪威作战。这些过往的经历让他懂得了非正规战争的力量。格宾斯还写过3本小册子:《游击领袖手册》(The Partisan Leader's Handbook)、《游击战争的艺术》(The Art Of Guerrilla Warfare)和《如何使用烈性炸药》(How To Use High Explosives)。因此,让他来领导这样一支部队是明智之举。

时间紧迫,所以格宾斯通过"熟人关系网"招募了志同道合的军官。其中许多人曾在挪威的独立连队与格宾斯一同服役。

这些军官被指定为情报官员,并被派往全国各地确定重点地区和寻找巡逻领导人。巡逻领导人通常选自新成立的地方防卫志愿军(LDV)。

在关于辅助部队简短且唯一官方的历史中,奈杰尔·奥克森登(Nigel Oxenden)少校这样描述招募过程:"情报官员们自动寻找猎场看守人或偷猎者类型的新兵,因为这些人已接受过除炸药外的所有训练。如果他们还是上一场战争的退伍军人,那就更好了,因为这些人可能很稳定,很清楚自己的局限性。"

一名神秘男子来到萨福克郡(Suffolk)本特利(Bentley)村威廉·塞奇·拉特福德(William Sage Ratford)的家门前时,拉特福德被告知,这个人正在寻找"猎场看守人、偷猎者和窃贼来组建辅助部队"。显然,这不是典型的英国军队招募流程。

辅助部队周围的安全戒备非常森严。约克郡贝哈尔姆(Bewholme)的丹尼斯·布兰查德(Dennis Blanchard)记得,他曾被一名军官问,是否愿意"干点儿小活",当丹尼斯询问更多细节时,这名军官三缄其口,只告诉他该任务将涉及"秘密和危险的密集训练"。另一名辅助军雷金纳德·克拉特汉姆(Reginald Clutterham),曾是诺福克郡(Norfolk)阿什尔(Ashill)的一名农场工人。克拉特汉姆加入地方防卫志愿军不久后,"有一个男人走过来问我是否愿意做些比乡团更有意思的事。显然,他已经观察了我一个月,看我和什么样的人交往,和他们谈论了什么。他告诉我,如果想加入这个特殊组织,必须签署《官方机密法》(the Official Secrets Act)"。

这些巡逻队领导被确定和招募之后,需要自行组建一支自己信得过的巡逻队,并将其训练成一支高效的破坏部队。巡逻队长往往会招募同事、朋友和亲戚，有时甚至是敌人。有的巡逻队由猎场看守人和偷猎者组成。每个巡逻队有5到8人，他们彼此住得很近。

到1940年9月，招募工作卓有成效。丘吉尔在9月25日写给战争大臣的信中说："我一直饶有兴趣地关注着新游击队……所谓'辅助部队'的成长和发展。据我所知，这些部队的组建工作组织周密，颇具创意。一旦敌军来袭，他们将是正规军的有力补充。"

最终，超过3500人被招募，从外赫布里底群岛（the Outer Hebrides）到康沃尔郡（Cornwall）的角落——兵源遍布整个英国。

"暗杀"——辅助部队的角色

格宾斯第一个完整地勾画出了在德国入侵的情况下，辅助部队应该扮演什么样的角色。

德军到来时，辅助部队便不知去向了。因为签署了《官方机密法》，他们不能告诉任何人自己的行踪和任务，哪怕是最亲近的家人。这一点功不可没。这些人在生死关头抛家舍业，牺牲巨

> **这些人在生死关头抛家舍业，牺牲巨大。**

▼ 萨里（Surrey）陆军部学校，一名乡团士兵在训练中手握冲锋枪

科尔斯希尔庄园
——训练总部

每位情报官员都负责早期训练，即使用伪装的训练手册，这些手册乍一看人畜无害，更像是日历或农耕指南。

1940年末，格宾斯把总部从怀特霍尔（Whitehall）搬到了科尔斯希尔庄园。科尔斯希尔庄园位于牛津郡和威尔特郡（Wiltshire）的交界处，坐落在科尔斯希尔镇的一个小村庄里。科尔斯希尔镇还被用作全国巡逻队的训练中心。辅助部队神秘莫测，参加训练的人员需要按指示乘火车去附近的海沃斯镇（Highworth），并到当地邮局报到，给邮政局长梅布尔·斯特兰克斯（Mabel Stranks）一个密码。然后梅布尔会致电科尔斯希尔庄园，庄园派车前来，之后沿着蜿蜒小路开回庄园，再把志愿者放下。梅布尔一丝不苟地履行着她的职责，连蒙哥马利前来拜访时，也受到了同样的审查程序。因为梅布尔需要确认蒙哥马利的证件，所以在此期间他只得等待。辅助军到达科尔斯希尔庄园后，利用周末时间进行各种破坏和游击战训练，如夜间行军穿越乡野、爆破训练、徒手格斗、靶场射击、适应作战基地等。核心培训专员住在房子里，辅助军住在马厩里。这是最高级别的训练，远高于一般乡团训练。辅助部队学到的许多技术也在战争后期传授给了特别行动处（SOE，格宾斯和弗莱明于1940年底离开辅助部队并开始创建特别行动处）。事实上，部分辅助军因为训练和能力出众而被招募到特种空勤团。

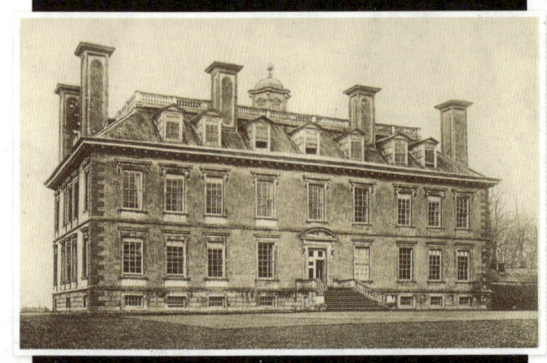

▲ 科尔斯希尔庄园。摄影师查尔斯·莱瑟姆（Charles Latham）拍摄

大，但似乎每个辅助军士兵都愿意为保家卫国而做出这种牺牲。

辅助部队的任务并非与入侵军队正面作战。他们主要在夜间行动，摧毁弹药和燃料库、飞机、桥梁、铁路等，千方百计拖延德军进军的脚步，为正规军赢取时间，重整队伍，准备反击。

任何与敌人的直接接触都是在进入目标的过程中发生的。辅助军接受的训练包括无声杀戮和其他解决哨兵的方法，使用费尔班-赛克斯格斗匕首（the Fairbairn-Sykes）和实施其他暗杀手段，如徒手格斗和瞄准人体脆弱部位。

每个巡逻队都配给了至少11至14天的口粮，口粮耗尽之后他们便需靠山吃山、靠水吃水。实际上，口粮配给代表了他们的预期寿命。这更像是一次自杀式任务，每个巡逻队的队员都心知肚明。威廉·拉特福德（William Ratford）说："也许我们可以暂时成为英雄。但我认为，那无异于自杀。"

没有一个巡逻队员会落入敌手。如果在突袭中受了重伤，他们宁愿被巡逻队同伴杀死，也不愿落入敌人之手，因为一旦被捕，免不了会遭到惨绝人寰的酷刑，还可能会泄露作战基地的位置。

每个巡逻队的行动都完全独立。在辅助部队早期组建的关键时刻，同一个郡的巡逻队都不知道邻近巡逻队的行动基地在哪里，也不知道成员都有谁。其保密级别之高，尤其在1940年是不言而喻的。

陷入困境

当敌人到达巡逻队负责的区域时，所有巡逻队员都会离开家，直接前往作战基地。作战基地是一个秘密的地下掩体，有很多隐蔽的入口。

起初，作战基地往往由巡逻队自己建造。然而，除非队中正好有修建掩体的专业人士，否则

▲ 作战基地实体模型

▲ 完好无损的德文郡（Devon）作战基地

工程几乎难以成功。巡逻队发现在没有通风设施的地下，呼吸变得极为困难。

后来，作战基地由皇家工程师建造。这些作战基地有伪装的舱口，通过配重机械装置打开。舱口打开后是一个房间，里面有铺位、桌子、储藏区、水箱，有时还有一个埃尔森化学厕所（Elsan chemical toilet）和炊具（炊具中的烟雾会通过管道消失，进入地面的一棵空心树，因此敌人什么也看不到），还有大量炸药。作战基地还有一条逃生通道，如果被德军发现，巡逻队成员还有机会逃跑。作战基地的设计类似于安德森庇护所（Anderson shelters）和尼森小屋（Nissen huts），由弯曲的巨型铁器（elephant iron）和混凝土块铸成。入门舱口的底部通常布置一道防爆墙，以防手榴弹从舱口扔下来。尽管设计精进许多，但待在作战基地仍然极度不适。基地又暗又潮，巡逻队员执勤时要冒着被发现、被抓获或被杀害的危险。

许多巡逻队作战基地附近还设立了一个观察站，观察站有时设有电话线（最远半英里）。观察站的设计能够让巡逻队成员监视到敌人动向，并在即将被敌人发现时，给其他巡逻队员发出警告。这也意味着观察站的辅助军白天可以在当地寻找潜在的目标。

▲ 桑福德·利维巡逻队（Sandford Levvy Patrol）在萨默塞特（Somerset）作战基地

"辅助部队即将配备左轮手枪"

8月，格宾斯上校在向作战情报中心（CIC）提交的每周报告中建议配备左轮手枪。英国首相丘吉尔已饶有兴趣地阅读了这份报告，并加了一句："辅助部队即将配备左轮手枪。"于是，400支0.32口径柯尔特（Colt）自动手枪被立即下发，一个月之后，全员都配备了0.38口径左轮手枪。在当时国家装备和武器如此匮乏之时，这项工作意义非凡。此后，他们又配备了弹药。这些左轮手枪和费尔班－赛克斯格斗匕首让辅助军

139

> 辅助部队成功的关键是悄无声息，他们的目标是摧毁敌人，而非打持久战。

引以为傲，他们装备精良，声名显赫，与乡团的低端装备形成了鲜明对比。

巡逻队在武器方面有优先权。和斯特恩式轻机枪（Sten-guns）一样，汤普森（Thompson）冲锋枪和勃朗宁自动步枪都按一定数量发放。此外，还发放了威力巨大的0.22口径狙击步枪，配有精准的望远镜瞄准器和消声器。收到武器的辅助军被告知，这些武器用于狙击德军高级军官，并在猎犬靠近前干掉它们。另外，他们将使用这些武器暗杀那些通敌的英国败类。

辅助部队也配备了近距离战斗武器，如绞索、橡胶警棍、指节铜套和圆头棒。这些是巡逻队的主要战斗武器。辅助部队成功的关键是悄无声息，他们的目标是摧毁敌人，而非打持久战。

除了近战武器，巡逻队还可获得数量庞大、种类繁多的炸药，作为主要战备材料。雷哲·桑内特（Reg Sennet）上尉等了20年，军队仍没有来回收巡逻队在战后留下的弹药，他只能报警，警察联系了军方。雷哲·桑内特上尉曾任埃塞克斯郡（Essex）5支巡逻队的队长。他们回收了1205磅[①]炸药、

---

① 1磅 ≈ 454克。——编者注

◀ 1940年9月21日，装备左轮手枪的英国乡团成员

▲ 桑福德·利维巡逻队在萨默塞特训练

3742英尺的延迟引信、930英尺的安全引信、144支定时笔、1207个L型延迟开关、1271个雷管、719个诡雷、314个石蜡炸弹、131个雾警设备、121个烟雾弹、36块棉火药板和33个附在伪装炸药上的诡雷开关。

除了这些炸药，巡逻队还配备了手榴弹，包括米尔斯炸弹、黏性炸弹、白磷手榴弹和烟雾手榴弹。不言而喻，在配备新研制的武器和炸药方面，辅助部队的优先权远在乡团之上，有时也优先于正规军。辅助部队全副武装，更重要的是，训练极为有素。

辅助部队是否有效？

毫无疑问，辅助部队对自己的能力、武器和决心充满信心，但人们仍对他们能取得多大成功争论不休。如果入侵发生在1940年，正如我们在战争后期所看到的那样，德军会以极其残忍的方式压制任何形式的抵抗。很难说，巡逻队在看到亲友因自己的行动而丧命时，会做出什么反应。

同样，即使是最雄心勃勃的辅助军也无法断言这种游击作战的形式能持续多久。不可避免的是，他们可能会在突袭或基地暴露中被俘或被杀。巡逻队不会也不可能采取与法国抵抗运动类似的行动。在法国抵抗运动中，对占领的长期抵抗至关重要。

彼得·弗莱明在1957年出版的《1940年入侵》（Invasion 1940）一书中简要记载了辅助部队，并总结了他心目中辅助部队的作用：“如果认为英国已在德军白热化的进攻中束手无策，那么辅助部队可能给予了德军迎头痛击。当桥头堡遭到猛烈反击时，辅助部队能以少胜多，牵制敌军，功不可没。”很多辅助军不仅在1940年，甚至是在整个战争期间，都未曾接到行动指令。1944年11月退役后，辅助军便回归了正常生活，大多数人都把他们曾是训练有素的游击战士这一秘密带进了坟墓。

◀ 一把费尔班−赛克斯格斗匕首，来自威廉堡博物馆（Fort William Museum）

美军研究观察团

越南战争全面爆发期间，这支特种部队参与了一次秘密行动。这支特种部队的名字高度机密，无人知晓。

利·内维尔（Leigh Neville）/文

越南士兵焚毁越共的藏身之所时，一名美国陆军特种部队上尉通过无线电和大本营取得联系

▲ 美军研究观察团非官方徽章

他们执行秘密任务，有些任务至今仍未公开。许多参与特种行动的士兵、水手、海军陆战队员把他们的故事都带入了坟墓。经过研究观察团老兵多年的游说，直到2001年，美国官方才承认研究观察团（Special Operations Group，简称SOG）的存在和那些令人难以置信的任务。

就像与研究观察团有关的所有事情一样，它的组建也被蒙上一层神秘的面纱。1961年，时任美国总统约翰·F.肯尼迪下令中情局开始在北越建立他所谓的"反抗联盟"。中情局负责开展秘密行动，包括在北越安插卧底特工、执行危险的跨境侦查任务，以此获取敌军情报计划。

最初执行任务的中情局官员受训于"绿色贝雷帽"（US Army Green Beret，美国陆军特种部队）和美国海军海豹突击队，但行动负责人的表现不尽人意，大批特工身份暴露，落入北越军队之手。鉴于中情局的失利行为，1963年末，美国军方取而代之接管整个秘密行动。

为了执行这些特殊任务，1964年1月，美国军方建立了所谓的"美军援越司令部－研究观察团"（MAC V SOG）。这个看似冗长、人畜无害的名字，其实是美国为了蒙蔽北越而精心编织的幌子。表面上，"美军援越司令部－研究观察团"有点类似于某种知识管理"智囊团"，致力于分析和传播美军在南越行动中汲取的经验教训。

但对于知情人士而言，美国研究观察团的首写字母SOG实则指代特种作战部队。它很快就成为战争中最致命、最有效、最隐蔽的特别行动单位。研究观察团中规模最大、最负盛名的"地面研究团"，曾派遣突击队潜入北越、老挝和柬埔寨执行所谓的战略侦察任务。

对于陆军特种部队而言，跨境任务是家常便饭。自1961年起，指派给美国军事援助技术团（the Military Advisory Assistance Group）的"绿色贝雷帽"在老挝一直训练反共非常规部队。"地面研究团"主要由"绿色贝雷帽"构成。此外，研究观察团还招募海军海豹突击队队员、美国海军陆战队两栖侦察部队队员，以及美国空军特种战术部队队员。

这些士兵拥有虚假身份和人事记录，被分配到三个独立的地区指挥部：北部、南部和中部指挥部。

美军研究观察团很快就成为战争中最致命、最有效、最隐蔽的特别行动单位。

▲ 研究观察团北部指挥部的侬族雇佣兵

研究观察团还建立了自己的空军联队——"空中研究团"。空军联队包括配有跳伞装置的侦察机和运输机，还包括无标记直升机。这些直升机装备了被称为固定躯体（STABO）的独特撤离系统。实际上，士兵是被钩在救生绞车上，被直接拉出丛林，逃出生天。

研究观察团还创建了"海上研究团"，用于执行海上入侵任务，其中包括入侵北越海防港（Haiphong Harbour）。"海上研究团"拥有16艘高速赛艇，这些艇被戏称为"肮脏级巡逻艇"（Nasty Class Fast Patrol Boasts）。这些巡逻艇能够同时搭载水雷、鱼雷和突击队。研究"海上研究团"的历史学家形容这些挪威制造的快艇"航速44节，排水量75吨，巡航半径725千米"，让人印象深刻。

"心理研究团"负责心理战，这是研究观察团的重要组成部分。"心理研究团"常常率先利用空中广播宣传，同时还播放恶搞的广播节目。他们声称这些电台总部在"北越"，但实际上它们都来自西贡（现胡志明市）。研究观察团还策划实施了"二战"以来规模最大的骗局之一。

"地面研究团"下设的侦察队或尖兵队，是研究观察团中人数最多的部队。这些侦察队以美国各州和蛇类命名，队名形形色色，例如爱达荷州侦察队和响尾蛇侦察队（RT Diamondback）。通常来说，一项任务会由6名或12名侦察兵完成。其中3名士兵是美国人，分别担任队长、队长助理和话务员。其余队员则是当地士兵，通常是当地侬族雇佣兵或山民，他们极其擅长丛林作战。

侦察队参与了"亮铜行动"（Project Shining Brass）。美军和南越部队联合出击潜入老挝境内31英里。在执行主要侦察任务的同时，侦察队还要搜救被击落的飞行员和战俘。侦察队随即参与了"丹尼尔布恩行动"，他们的活动范围由此延伸至越南邻国柬埔寨。柬埔寨不知不觉间成了北越部队的主要集结地和庇护所。

参与跨境行动的各方始终矢口否认。北越断言从未进兵老挝和柬埔寨，美国甚至否认研究观察团和侦察队的存在。越战结束后相当长的时间内，他们仍然对此拒不承认。

研究观察团的首要目标是"胡志明小道"（Ho Chi Ming trail）。从北部挺进越南南部时，北越军队常常遭到美军的轰炸，因此他们转而取道邻国老挝境内的小路、公路和铁路。这些路线在官方意义上至少是中立的。"胡志明小道"让他们暂时摆脱了美军的狂轰滥炸。

除了用于行军之外，"胡志明小道"还为在南部作战的北越正规军提供补给，并为越共游击队提供武器弹药。他们常常利用卡车运输补给物资，但也会临时使用自行车、牛车甚至大象。

拥有了炮台和SA-2地空导弹后，"胡志明小道"愈加完善，固若金汤。北越甚至在"胡志明小道"沿线部署了专业工程队，负责道路的维

老虎部队

这支美国陆军远程侦察部队演变为"打击游击队的游击队",后来因战争罪而被调查。

老虎部队是美国远程侦察巡逻排(LRRP)的绰号,隶属于传奇的第101空降师。老虎部队的指挥官大卫·哈克沃斯(David Hackworth)上校富有魅力,后来凭借自己的政治和军事作品而声名鹊起。越战期间,尽管伤亡惨重,老虎部队仍被认为是一支精锐作战部队。

和许多在越部队一样,由于过高的伤亡人数,老虎部队也没有得到美国官方的认可。这个事实本应引起警觉。老虎部队和研究观察团别无二致,他们人员少,行动诡秘,往往试图绕过敌军,避免正面接触。然而,老虎部队似乎实施了残暴行为。各种各样的指控传播开来:肆意屠杀平民,对战俘随意拷打、任意处决,将敌人尸体进行肢解。还有更令人发指的做法不忍在此提及。最终,老虎部队接受审查,这成为越战期间持续时间最长的战争罪调查。令人难以置信的是,老虎部队中没有一名士兵受到指控。

时至今日,哈克沃斯依然矢口否认那些暴行以及他前任部下的战争罪行(这些暴行曝光之前,他已经调任其他岗位)。据说,2003年他的老虎部队受到指控时,他告诉记者:"击中城市或村庄的每一颗美国炸弹或是火箭弹都夺去了平民百姓的生命,这也犯下了战争罪。谁来调查这些?"

> **最终,老虎部队接受审查,这成为越战期间持续时间最长的战争罪调查。**

▲ 老虎部队队员正在巡逻。第二个士兵伪装成了越共游击队员

秘密行动

美军研究观察团在特种部队史上执行的最令人毛骨悚然的秘密任务。

"胡志明小道"
"胡志明小道"从越南北部穿过老挝，绵延近1000英里，终点是南越西贡（今胡志明市）附近。美军研究观察团经常对"胡志明小道"进行侦查和监视，指挥美军空中轰炸后勤车队及行动部队。

溪山战役
溪山战役是研究观察团最著名的战役之一。溪山也是堪萨斯州侦察队最后的阵地。这支14人小分队奉命抓捕1名囚犯，同时他们成功地拖住北越军队的一个团。冲突中美军9人丧生，随后及时赶到的武装直升机摧毁了北越军队的人海战术。

北部指挥部
北部指挥部是研究观察团3个野战司令部中最大的指挥部，基地位于岘港，主要在越南北部和老挝执行任务。北部指挥部拥有唯一接受过高空投下低空开伞（高跳低开）和战斗潜水训练的侦察队。

中部指挥部
中部指挥部设在昆嵩，主要在越南、老挝和柬埔寨三国边境地带执行任务。中部指挥部是最后一个被正式遣散的指挥部，因此在遣散之前仍继续开展了好几年的秘密行动。

南部指挥部
南部指挥部基地在邦美蜀，主要对南越边界与柬埔寨境内的越共主力部队采取军事行动，目标为越共避难所。1969年，南部指挥部指挥一架B-52轰炸机袭击了驻扎在那里的北越军队总部，此次行动轰动一时。

▲ 美国特种部队本赫特（Ben Het）营地外，一名美国士兵正在给队友做临时包扎

丛林

敌众我寡，火力不足，研究观察团使用特殊装备试图扭转局势。

侦察队携带的武器装备有两个作用：帮助他们秘密潜入目标区域，以及帮助他们顺利脱身。由于众寡悬殊，小型侦察队需要利用身上所有装备阻止和延缓敌人的追击，直至到达安全着陆区域。

如今，许多特种作战技术都是研究观察团在越南丛林中发明、尝试和检验的成果。

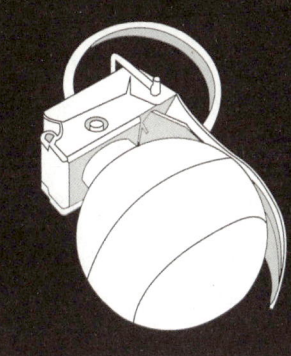

◀ 研究观察团队员携带荷兰制造的破片手雷。其形状如高尔夫球，被称为V40迷你手雷，每个重量只有100克。

▲ 轻型冲锋枪，如以色列乌兹（Uzi）冲锋枪和瑞典M45B式微声冲锋枪（如图所示），用于营救俘虏并且可以悄无声息地消灭哨兵

▶ 直升机无须着陆，通过固定躯体（STABO）撤离系统就可以用绞车将研究观察团士兵吊拉出丛林

> 如今，许多特种作战技术都是研究观察团在越南丛林中发明、尝试和检验的成果。

▼ 研究观察团使用轻便型M79榴弹发射器，将枪托和大部分枪管锯掉以减轻重量

▼ M18A1阔刀地雷（M18A1 Claymore Directional Mines）可以随身携带，用于保护侦察队夜间驻地，也可用作吸引追兵的饵雷

行动人员身着当地而非美国生产的虎纹迷彩服，与丛林融为一体

修保养。这对南越和美国军队来说挑战巨大，绝无仅有。"胡志明小道"大部分路段都被茂密的丛林遮蔽起来，其余暴露在外的路段每天都有伪装的北越军队在巡逻。

美军研究观察团的任务包括：对"胡志明小道"进行战略侦察，监视可以成为美国秘密空袭目标的咽喉点，并向美国空军提供空袭破坏评估。他们还锁定特定高级官员（如北越军队官员），情报显示这些官员将经过"胡志明小道"。他们会奉命行事，杀死或俘获这些人。

在这些行动中，侦察兵没有携带任何能够证明他们是美国人的东西。他们身穿当地制服，手持外国制造的武器，身上没有携带任何身份证明或是身份识别牌。为了迷惑敌人，一些队员甚至手持缴获的AK-47s，身着北越军队服装。他们的行动距离美军其余部队较远，因此被自己人误伤的概率微乎其微。

侦察队还使用各种各样奇特的武器。至少会有1名士兵随身携带一支13毫米旋转喷气式火箭手枪，这把手枪极富未来感。还有1名士兵经常携带1把猎弓（并且不止一次在交火时派上用场）。其他武器则根据队员各自需求进行了大量改装，例如，将M60中机枪配备了"捕食者式"的500发子弹背包，绰号"死亡机器"。

通常来说，交火时敌众我寡、力量悬殊，所以侦察队需要携带所有能带上的火力装备。事实上，侦察队要竭尽所能避免和敌军正面交锋，他们更喜欢秘密行动而非武力冲突。要想圆满完成任务，研究观察团就要避免与敌军有任何接触，让侦察队成为美军秘密轰炸行动的无声耳目。

北越军队对此做出反应，他们派出猎杀部队，并配有追踪犬。研究观察团的老兵弗兰克·卡普尔（Frank Capper）回忆道："他们的猎杀部队会在首要和次要降落点守株待兔，坐

▲ 美国陆军特种部队训练当地人使用小型武器

等我们的到来。只要跳下飞机，我们就会受到袭击——毁灭性的打击。"

如果无法避免冲突，侦察队就会试图利用火力压倒敌军，然后甩开他们，前往紧急着陆区。侦察兵会用无线电宣布"燎原之火"紧急情况，召集附近美军飞机前来协助，同时一支战斧部队（Hatchet Force）也会前来营救处于险地的侦

北越军队对此做出反应，他们派出猎杀部队，并配有追踪犬。

察队。

战斧部队通常由5名美国人和30名本地士兵组成,他们乘坐直升机前往营救陷入困境的侦察队。在战斧部队做出回应前,侦察队往往只剩1人,其余全部遇难。在"强光行动"(Operation Bright Light)中,除了"胡志明小道"的监视任务外,研究观察团还负责搜救被击落的美国机组人员和战俘。有趣的是,研究观察团却没有参与越战中最著名的战俘营救任务。

1970年11月,越南山西(Son Tay)战俘营救行动似乎是为研究观察团量身定做的任务,特别是北部指挥部还曾在该区域进行过秘密侦察行动。然而,战俘被提前转移,突袭行动一无所获。

研究观察团甚至还暗中执行一些肆意大胆、引人瞩目的心理战任务。也许在"心理研究团"的高光时刻,美军编造了"爱国者神剑联盟"(SSPL)的传说。目的为何?就是想让北越人民相信一个完全虚构的反越共部队在北越仍然生生不息、茁壮成长。

通过隐秘的无线电广播,空投传单,以及凭空捏造的"爱国者神剑联盟"会员卡,这个拥有10000人强大的抵抗阵线的故事逐步成形了。研究观察团的侦察兵把伪造的"爱国者神剑联盟"的文件放在伏击中被打死的北越士兵的尸体上,以此播下猜疑和不信任的种子。他们甚至秘密地将只能播报"爱国者神剑联盟"的宣传站的收音机分发给北越的村民。

"爱国者神剑联盟"最富有成效的一次行动

或许就是"心理研究团"向北越军官发送的数千封巧妙伪造的信件，声称他们参与了"爱国者神剑联盟"。根据谍报，至少一些收到信件的官员后来被罢免了职务。

他们最大胆的一次心理战行动，无疑是被称作"天堂岛"（Paradise Island）的行动。"海上研究团"中的本地队员拦截北越渔船，俘获船员并将他们蒙上眼睛运到一个秘密岛屿。

到了岛上，他们得知是"爱国者神剑联盟"抓获了他们，并被暂时关押起来。在被囚禁的3周左右的时间里，渔民们接受了细致入微的医疗和牙医保健。人们给他们拿来了崭新衣服，端来可口饭菜，这与他们在北越的生活形成鲜明对比。

释放时，他们每人载着礼物而归，包括一部"爱国者神剑联盟"收音机。有人被训练成双面间谍，有人只需告诉家人和村民"爱国者神剑联盟"对他们的公平对待。也许"天堂岛"的成功不止于此，因为至少一些渔民对这种免费的度假乐在其中，还想被研究观察团再次掳去。

美军研究观察团从1964年至1972年正式参战，在此期间，美国开始逐步减少在越美军部队，最终战争转移到了南越。研究观察团严重阻碍了对方利用"胡志明小道"在南越的运输补给，抓获了众多举足轻重的目标人物，使北越军队陷入混乱。

虽然无法确认精确数量，但美军研究观察团执行了数以千计的战略侦察任务，至少圆满完成了少数搜救任务。在鼎盛时期，美军研究观察团拥有约2000名美国军事人员，以及约8000名南越士兵、山民（越南中部山地土著人）和侬族雇佣兵。美国参议院报告称，13名美军研究观察团队员被秘密授予荣誉勋章。

研究观察团57名行动队员在行动中失踪。

▲ 一架"支奴干"运输直升机（Chinook）从昆嵩的中部指挥中心腾空而起

时至今日，仍有10支侦察部队下落不明。最近，其中一支侦察部队（马里兰侦察部队）的队员在老挝一次伏击中丧生43年后得以安息。2009年，一位老挝农民发现了他们的遗体。美国为

他们举行了军葬礼并在2012年将他们最终安葬于美国阿灵顿国家公墓（Arlington National Cemetery）。

事实上，美国内战以来，美军研究观察团的伤亡率（就自身规模而言）高居榜首。在北越、老挝和柬埔寨境内秘而不宣的行动中，共有243名研究观察团行动队员命丧黄泉。

三角洲特种部队

25年前，美国特种作战部队在索马里摩加迪沙街头进行了长达17个小时的残酷战斗。"游骑兵之日"（即摩加迪沙之战）中4名马林蒂游骑兵（Maalintii Rangers）幸存者讲述他们的九死一生。

利·内维尔/文

人们将永远铭记1993年10月3日这一天，摩加迪沙之战的日子。哥特蛇行动（行动代号）被拍摄成好莱坞大片《黑鹰坠落》，影片同时改编自马克·博登（Mark Bowden）的同名畅销书。一支美国特种部队小分队与数千名索马里武装分子展开殊死搏斗。他们主要来自美国游骑兵和三角洲特种部队。

三角洲特种部队事先得知可能要采取行动抓捕索马里军事将领穆罕默德·法拉赫·艾迪德（Mohammed Farah Aideed），所以他们几个月前就在摩加迪沙开始执行任务了。艾迪德已经成为联合国在索马里人道主义行动中的眼中钉。他伏击联合国维和人员，窃取联合国供应物资，这些物资用来援助1991年以来饱受干旱和内战蹂躏的东非国家平民受害者。

诺曼·胡特（Norman Hooten）博士是一名退役上等上士，他是《黑鹰坠落》中艾瑞克·巴纳（Eric Bana）扮演的角色原型。他回忆道："那个任务起初由一两个小分队来完成。后来扩大至C中队的查理一部队（Charlie 1 Troop），直至演变成整个中队的任务。"

雷德利·斯科特（Ridley Scott）的电影《黑鹰降落》把摩加迪沙之战搬上银幕，但利·内维尔他的《游骑兵之日：25年前的摩加迪沙战役》一书中用参战人员的语言揭示了索马里事件的真相

▲ 诺曼·胡特（最右）和F队队员，以及他们指定的"小鸟"直升机——"星44"

▲ 一辆特遣部队游骑兵的"悍马"车燃烧残骸，废弃在目标大楼附近

▲ 迈克尔·莫泽（右二）和B队队员，以及他们在10月3日搭乘的"小鸟"直升机"星41"

第75游骑兵团第3营B连，将与C中队联手保护目标区域，三角洲特种部队执行抓捕艾迪德的任务。

美军第160特种作战航空团"黑夜潜行者"将驾驶重新改良的"黑鹰"和"小鸟"直升机，投入战斗。他们合起来被称为特遣部队游骑兵。

最初的任务是抓捕艾迪德本人。退役的三角洲特种部队上士迈克尔·莫泽（Michael Moser）解释道："特遣部队游骑兵有两个主要抓捕方案——车队拦截和建筑物袭击。情报机构能提供特遣部队行动需要的信息，这些信息包括我们的目标艾迪德是在行进途中（车辆拦截），还是静止不动（建筑物袭击）。"

情报显示艾迪德已经躲藏起来，随后特遣部队游骑兵转向了新目标，即哈布尔吉德尔（Habr Gidr）家族的副官，希望以此破坏艾迪德的组织，引蛇出洞。10月3日上午，特遣部队收到可靠情报，艾迪德的两名高级顾问阿卜迪·哈桑·阿瓦勒（Abdi Hassan Awale）和奥马尔·萨拉德·埃尔米（Omar Salad Elmi）将于当天在摩加迪沙市中心的奥林匹克酒店附近会面。

当天的三角洲特种部队地面部队指挥官斯科特·米勒（Scott Miller）上尉（后来担任驻阿富汗美军指挥官的米勒中将）指出："10月3日是星期日，这一天原本是特遣部队的休息日。我们的想法是迅速进入，控制目标，然后迅速撤离。"

计划很简单。第160特种作战航空团在目标地点着陆，三角洲特种部队和游骑兵跳下直升机。三角洲特种部队执行抓捕行动，游骑兵负责封锁周边街道。一个由卡车和"悍马"车组成的游骑兵地面车队驱车前往目标地点。然后撤离三角洲特种部队、游骑兵及俘虏。地面作战时间控制在

▲ 惨烈无比的摩加迪沙之战几天后，摩加迪沙上空的1名美国士兵

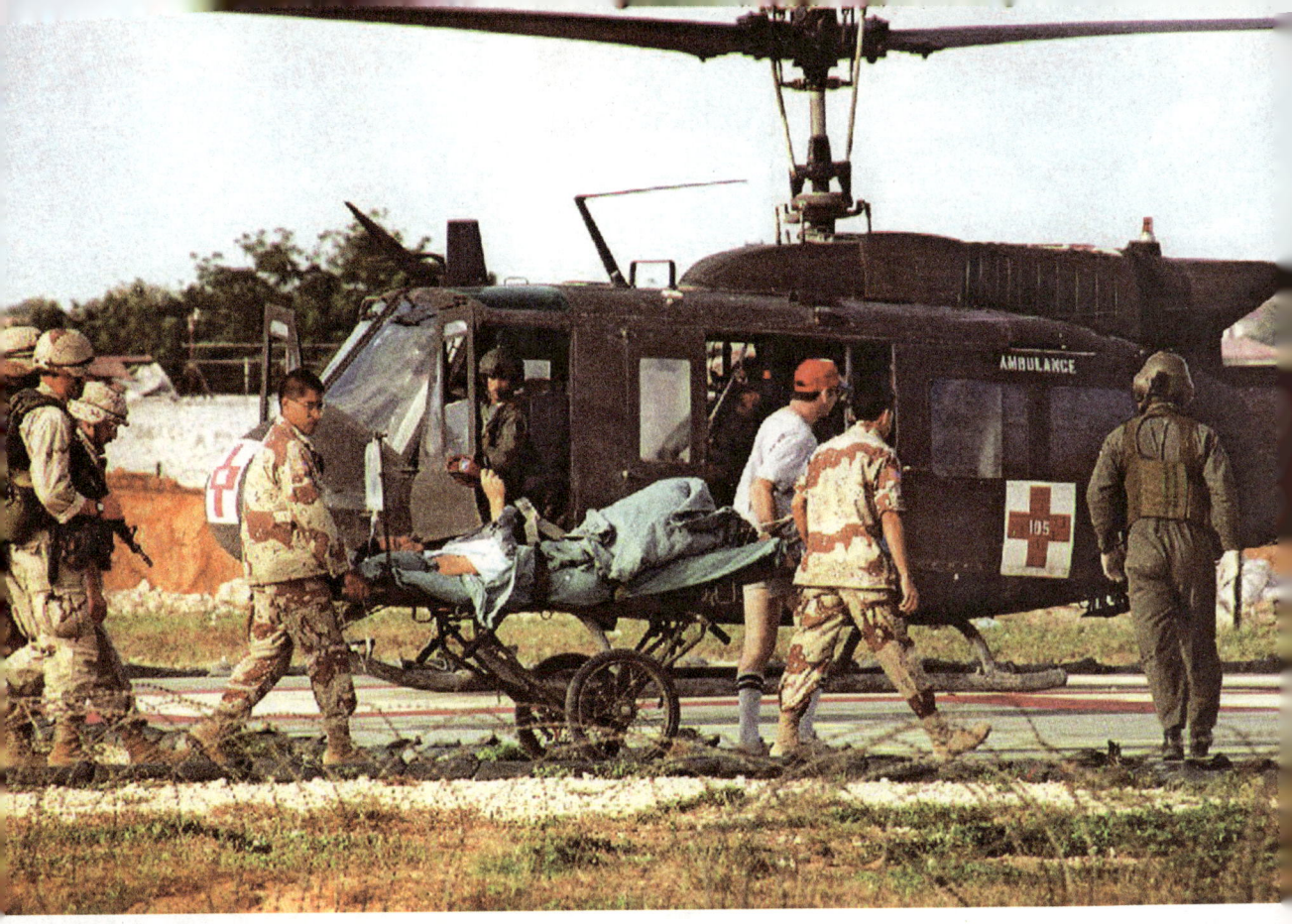

▲ 被俘释放后的"超级64"黑鹰直升机唯一幸存者——飞行员麦克·杜兰特

30分钟以内，防止索马里境内有任何组织抵抗。

星期日下午3点42分，第一架"小鸟"直升机着陆，将三角洲特种部队放在目标大楼外面的街道上。直升机扬起的巨大灰尘使能见度降到最低。胡特回忆说："我记得领头的'小鸟'直升机着陆时扬起巨大灰尘，我们甚至看不到地面。我以为我们要绳降，于是我扔下绳子，迈了出去，然后我就倒在地上了。那是一根2英尺长的速降绳！"

不同寻常的是，当胡特和他的队员冲进目标大楼时，他听到了枪声："当'小鸟'直升机起飞时，就已经听到轻武器的射击声。在其他任务中，直到撤离时才开始交火，这次有些不同寻常，我们提前遇到了火力。我们进屋之前，就已经交火了。"

现已退役的三角洲特种部队上等上士保罗·伦纳德（Paul Leonard）回忆道："C小队第一个冲入大楼。右边的第一个房间只有一个门帘儿，我和（队友上等上士）加里·基尼（Gary Keeney）搜寻了房间，找到了那天要找的目标，可能是奥马尔·萨拉德·埃尔米。我把他按在正厅的地板上。"

俘房一旦得到控制，三角洲特种部队就解除警报，游骑兵地面车队就会驰来援助。

我记得领头的"小鸟"直升机着陆时扬起巨大灰尘，我们甚至看不到地面。我以为我们要绳降，于是我扔下绳子，迈了出去，然后我就倒在地上了。那是一根2英尺长的速降绳！

▲ 1名索马里民兵经过一辆马来西亚秃鹰装甲运兵车被烧毁的残骸。这辆装甲车在撤离特遣部队游骑兵时被火箭推进弹（RPG）击中

▲ 穆罕默德·法拉赫·艾迪德，特遣部队游骑兵的目标。他最终在1996年被昔日同胞杀死

▲ "超级64"黑鹰直升机残骸,三角洲特种部队狙击手舒哈特(Shughart)与戈登(Gordon)的最后阵地

三角洲特种部队把俘虏装上卡车时,敌人的火力越来越猛。伦纳德回忆道:"我们已经遭遇了大量火力。子弹从窗户射进来。当我们走下楼梯的时候,我说'这将是一场噩梦,因为有人已经在向我们开枪了'。"

主车队准备离开时,其中一架沿既定轨道飞行的直升机——无线电呼号为"超级61"的黑鹰直升机在城市上空被击落。胡特说:"我在大楼东侧,看到直升机开始盘旋,所以没有看到火箭推进弹对它的攻击,我看到飞机失控后坠毁了。飞机一坠毁,我们就看不见了,因为到处都是屋顶。"

胡特、莫泽和大部分三角洲特种部队队员立即徒步前往坠机地点。伦纳德和基尼被派去看守地面车队里的俘虏。在坠机现场,上等上士吉姆·史密斯(Jim Smith,三角洲特种部队狙击队长,被击落直升机上四名三角洲特种部队狙击队员之一)走过来说:"我最担心的是我们马上受到敌人的火力攻击。上士丹(布希)[Dan (Busch)]几乎立刻离开了飞机残骸,我想从残骸中出来,帮助他保护仍在残骸中的同伴。过了一会儿,他自己也被击中:"一名袭击者从直升机前方过来,用AK自动步枪射出一串儿子弹,我中了一枪,伤在了左肩膀,然后我开枪打死了他。"

当吉姆·史密斯和其他狙击手阻止索马里武装部队冲向坠毁的直升机时,胡特和莫泽奋力冲向坠机地点。他们一度多走了一个街区,当他们返回时,"这时,上等上士厄尔(菲尔莫)[Earl (Fillmore)]被击中,事实上那一枪也击中了迈克尔·莫泽的手臂。厄尔被击中时,我们立即还击,我们还击时,迈克尔的右前臂被击穿。"三角洲特种部队和游骑兵被迫进入据点建筑救治伤员。

在坠机地点,一架"小鸟"直升机不惧生死,勇敢地降落在坠毁的直升机附近。吉姆·史密斯抱着伤势严重的丹向直升机冲去:"'小鸟'直升机降落时,我跑出去抓住丹,把他拖向直升机。最初,我用双手拖住他倒着走。但是我遭到了火力攻击,所以我不得不朝街上的一个袭击者开枪。我用一只手拖着他,另一只手开枪还击。"最终,吉姆·史密斯和丹被抬上直升机,为了挽救丹的性命,他们冒死冲过了敌人的枪林弹雨,但不幸的是,丹不久后就死在了野战医院。

当"小鸟"直升机从坠机地点起飞时,一架战斗搜救直升机抵达上空,他们是由三角洲特种

我不得不朝街上的一个袭击者开枪。我用一只手拖着他,另一只手开枪还击。

部队、游骑兵和美国空军组成的混编部队。作为第一个游骑兵突击队,他们用速降绳索降落在地面上,从目标建筑物出发,徒步绕过楼角,开始在"超级61"直升机附近建立防御阵地。

片刻之后,灾难再次袭来,正如莫泽所描述的那样:"我听到了一些奇怪的声音,然后向天空望去,看到一架'黑鹰'直升机在离地面75—100英尺(23—30米)的高度飞过我们的头顶。尾桨已经毁坏,尾翼晃来晃去。'小鸟'直升机还在空中,继续朝着我视野之外的机场方向飞去。"

另一架呼号"超级64"的黑鹰直升机被火箭推进弹击中,坠毁在目标建筑的西南方向。战斗搜救小组已经就位,索马里武装民兵包围了第二个坠机地点,"超级62"黑鹰直升机上的两名三角洲特种部队狙击手高级上士加里·戈登和上等上士兰迪·舒哈特自愿加入。他们抵抗索马里民兵约20分钟,直到加里·戈登壮烈牺牲。

胡特回忆起那场灾难:"当我前往第一个坠机地点时,我接到了兰迪·舒哈特打来的电话,

摩加迪沙机场基地外,三角洲特种部队C中队、海豹突击队和美国空军特种战术部队人员

第1特种部队作战分遣队（三角洲特种部队）

三角洲特种部队成立于1972年慕尼黑大屠杀后，是美国主要的人质救援和反恐部队。

三角洲特种部队的第一次任务是1980年的"鹰爪行动"，营救关押在德黑兰的人质。两架飞机在沙漠一号基地相撞，营救行动以灾难告终。他们随后执行了在格林纳达（Grenada）和巴拿马的任务，后来在1991年加入伊拉克沙漠的"猎杀飞毛腿行动"（Scud Hunt），追踪并摧毁了移动弹道导弹发射器。

1993年，作为特遣部队游骑兵的一部分，三角洲特种部队参加了摩加迪沙之战。与此同时，三角洲特种部队正在协助哥伦比亚军队追捕巴勃罗·埃斯科巴（Pablo Escobar）。20世纪90年代末，该部队在巴尔干半岛作战，目标是抓捕战犯。三角洲特种部队是"9·11"事件后率先进入阿富汗的部队之一。

随着以美国为首的入侵伊拉克战争的爆发，暴乱开始升级。三角洲特种部队被授权负责消灭伊拉克境内基地恐怖组织的头目和炸弹制造者，并于整个战争期间在阿富汗东部执行杀戮或抓捕任务。

▲ 2015年5月，三角洲特种部队士兵在叙利亚从"黑鹰"直升机上快速绳降

◀ 第160特种作战飞行中队黑鹰"超级65",由高级准尉盖瑞·伊佐（Gerry Izzo）驾驶,早些时候在摩加迪沙执行任务

他说:'你们在哪儿？'我说:'我们正在去坠机地点的路上。'他又说:'你到这儿还要多久？'我说:'希望是五分钟。'我不知道另一个坠机地点,我们不知道另一只'小鸟'也被击落了。"片刻之后,舒哈特被击毙,索马里民兵涌向直升机,抓获了一名飞行员,也就是三级准尉麦克·杜兰特（Mike Durant）,并损伤了机组人员和三角洲特种部队队员的尸体。

太阳下山时,"超级61"坠机地点终于安全了,但整个晚上都在遭受攻击,因为特遣救援部队一直在努力抢回被困在飞机残骸中的三级准尉克里夫·沃尔科特（Cliff Wolcott）的尸体。"我们尽可能抢回尸体,那时太阳正在升起。我在飞机上看到天空开始泛白时,顿时产生了一种紧迫感。"胡特回忆道。

找到克里夫·沃尔科特的遗体后,特遣部队最终乘坐包括装甲车在内的美国和联合国联合车队离开。由于车辆满载,一些队员被迫忍受"摩加迪沙英里"（指坠机地点到指定集合地点的线路）,跑步出城,直至坐上游骑兵悍马车。

胡特说:"我清楚地记得我一会儿身处枪战,一会儿又身处每个人都为我们欢呼的友好社区。这就像穿过了一条线——沿着街道跑下来,对着每个十字路口开枪,然后和美国第十山地师会合,最后进入一个所有索马里人都在路边欢呼的地区,这太梦幻了。"

特遣部队游骑兵共牺牲16人（三角洲特种部队5人,第160特种作战航空团5人,游骑兵6人）,受伤83人。几天后,第6个三角洲特种部队的飞行员在机场基地遭遇迫击炮袭击,不幸身亡。

他们奋不顾身,抵抗索马里民兵约20分钟,直到戈登壮烈牺牲。

▼ 10月3日执行任务后,B连游骑兵离开摩加迪沙。他们被A连取代,但没有接到下一步的任务

▲ 比尔·克林顿总统将高级上士加里·戈登的荣誉勋章颁发给他的遗孀卡门（Carmen）

▼ 1992年，在"恢复希望行动"中，一架美国直升机飞越摩加迪沙上空，当时美国接管了联合国行动的统一指挥权

图片所属

页 14　　© Kevin McGivern

页 15　　© Getty Images

页 19　　© Getty Images

页 39　　© Alamy, Getty Images, Rebekka Hearl

页 52　　© Rocio Espin

页 71　　© IImages: Crown copyright/Headquarters Brigade of Gurkhas and the Gurhka Museum, Alamy, Corbis, Getty

页 76　　© Rocio Espin

页 79　　© Alamy, Getty

页 80　　© Alamy

页 87　　© Alamy

页 107　© Alamy, Getty, Shutterstock, TopFoto

页 109　© Artwork by Mariusz Kozik, from Who Dares Wins . Osprey Publishing, part of Bloomsbury

页 118　© Alamy, Getty, Robin Horsfall

页 121　© Leigh Neville

页 124　© Leigh Neville

页 126　© Alamy, Getty, Paul Leonard, Michael Moser, Leigh Neville